陪孩子走过
高中三年

柴一兵◎编著

北京工业大学出版社

图书在版编目（CIP）数据

陪孩子走过高中三年 / 柴一兵编著. —北京：北京工业大学出版社，2015.7（2023.2 重印）

ISBN 978-7-5639-4367-8

I.①陪…　Ⅱ.①柴…　Ⅲ.①高中生 – 家庭教育

Ⅳ.①G78

中国版本图书馆 CIP 数据核字 (2015) 第 131753 号

陪孩子走过高中三年

编　　著：	柴一兵
责任编辑：	贺　帆
封面设计：	尚世视觉
出版发行：	北京工业大学出版社
	（北京市朝阳区平乐园 100 号　邮编：100124）
	010-67391722（传真）　bgdcbs@sina.com
经销单位：	全国各地新华书店
承印单位：	三河市富华印刷包装有限公司
开　　本：	787 毫米 ×1092 毫米　1/16
印　　张：	14
字　　数：	212 千字
版　　次：	2015 年 7 月第 1 版
印　　次：	2023 年 2 月第 3 次印刷
标准书号：	ISBN 978-7-5639-4367-8
定　　价：	29.80 元

前　言

高中三年，是孩子长大成人的关键时期，也是孩子走向社会的过渡期。不仅如此，孩子还要面对人生中的重要考验——高考。因此，他们的压力很大，迷茫也很多，需要家长进行引导和帮助。

然而，很多家长并没有意识到这个时期对于孩子来说有多重要，也不知道该怎样引导他们度过这一关键时期。而且有的家长的教育方法不科学，导致孩子压力更大，成绩得不到提高。本书要做的就是让家长正确认识孩子的高中三年的意义和重要性，并找到科学的方法与他们相处，帮助他们成长。

本书共有9章，每一章都对应着孩子高中三年中会遇到的一种问题，并对此问题进行了详细的分析，提供了不少解决方法供家长借鉴。本书内容涉及面广，不仅包括了学习方法、与孩子的相处方式等内容，还介绍了如何帮孩子选大学、如何帮孩子独立成长等内容。在每一小节中，都会有一个取材于生活的故事，帮助家长理解孩子的状态和问题，思考解决方法。相信通过阅读本书，家长一定能有所得，找到引导孩子成长的科学方法。

　　本书最大的特点就是章节安排合理、内容丰富全面、角度新颖独特。从结构安排上来看，先是向家长说明了高中三年的重要性，接着就具体问题展开叙述，有助于家长理解；内容上的丰富全面显而易见，从章节题目就可窥见，每一小节都从细节出发，为家长提供具体可行的解决方法，有助于家长借鉴。此外，有几章的内容是比较新颖的，比如让孩子独立成长、帮孩子学会填志愿等，这些问题常常会被家长忽视。总之，通过阅读这本书，家长能够了解孩子在高中三年中可能遇到的问题，并以科学的方法引导他们成长。

　　高中三年能否"安稳"度过，不仅关系到孩子能否考入理想大学、实现梦想，更关系到他们的性格养成以及今后的发展。因此，从现在开始，家长应重视孩子的高中三年，并努力寻找适合孩子的引导方式，让孩子拥有一个美好的未来！

目　　录

第1章　高中，孩子人生的重要阶段

第2章　做高中生孩子的知心父母

第3章　把握高中孩子的心理健康和性格特点

第4章　指导高中孩子学会独立生活

第5章　教孩子规划自己的高中三年及人生蓝图

第6章　培养孩子养成良好的学习习惯

第7章　引导孩子高效学习高中科目

第8章　全力以赴，帮助孩子在高考中取胜

第9章　提醒孩子，选大学也是一个机遇

第 1 章

高中，孩子人生的重要阶段

高中生的心理压力和性格弊端

　　高中阶段是孩子身心发展的重要时期，他们的身体快速成长，开始出现生长发育的第二个高峰期。除此之外，他们的心理也会产生非常大的变化。由于学习任务越来越重，同学之间的竞争也日益激烈，再加上在人际交往中遇到的各种问题，很多正处于青春期的高中生都承受着巨大的心理压力。

　　导致高中生产生心理压力的原因有很多，比如父母对自己过高的期望、同学之间的攀比、无法很好地完成自己想做的某件事等。在巨大的心理压力下，孩子不仅容易变得自卑内向，还有可能越来越经不起挫折，或者出现害怕失败、遇事容易冲动等情况。

　　除了各种心理压力，孩子的性格发展在高中阶段也会出现一些弊端。这是因为高中生从少年时期过渡到青春期，他们的身体逐渐成熟，但心理发展却相对落后，导致生理和心理的发展出现失衡。这主要表现在孩子容易在处理问题时缺乏理智，并且经常纠结于他人的一句话或者一个动作，尤其是一些情感细腻的女同学就更容易表现得比较脆弱。

　　刘芳今年正在上高中一年级，她平时很文静，总喜欢自己坐在一个角落里看书，不怎么爱说话。一天，刘芳放学回家后，妈妈发现她闷闷不乐的，就问道，"芳芳，你怎么了？"刘芳摇了摇头没说话，妈妈也就没再追问。

　　一连过了几天，刘芳的情绪都很低落，回到家几乎一句话都不说，就连她最喜欢的电视剧《甄嬛传》都不能引起她的注意。吃过晚饭后，妈妈让刘芳陪她去散步，母女俩来到了小区对面的广场。在妈妈耐心的询问下，刘芳终于道出了自己这几天的伤心事。原来，在三天前的早晨，刘芳走进校园之后看到了自己的班主任老师，她主动地向老师说了声："早上

好!"没想到老师只是看了她一眼,什么都没说就走了。这让刘芳觉得很受伤,她甚至因此推断老师不喜欢自己,因此她这几天都很难过。

妈妈这才理解了女儿的心思,她对刘芳说,"妈妈猜想那天你的班主任老师一定是在想别的事情,虽然他看了你一眼,却并没意识到你在向他打招呼。"刘芳听了妈妈的话点了点头。

上文事例中的刘芳就是因为老师没有回应她的问候才情绪低落的,这也正是高中生性格发展不平衡的一种表现。除此之外,在高中阶段,有的孩子因为思维的片面性,导致思考问题或做事情容易偏激;有的孩子不愿意向别人轻易表露自己的内心世界,希望有自己的一个私密空间,甚至将自己的内心封锁起来,以至于会常常感觉到孤独;还有的孩子会表现出强烈的自主性,渴望脱离父母的呵护和管教。

高中生出现一定的性格弊端和心理压力是正常的,但如果他们长期承受巨大的心理压力,又不能够及时走出自己性格发展上的误区,就会对他们的正常学习和身体健康造成不良影响。因此,父母应当教会孩子用有效的方法缓解心理压力,并且通过及时的沟通了解孩子性格发展的特点,帮助孩子形成健康的心态和良好的性格。以下的几点建议可供父母们参考。

1.父母要适当让孩子经受一些挫折

有很多父母生怕孩子磕着、碰着,对他们呵护备至,他们的成长过程一帆风顺,几乎没有经受过什么挫折。这样的孩子往往难以养成坚强的意志,在失败面前很容易灰心丧气或者一蹶不振。因此,父母要改变自己的观念,明白让孩子尝尝痛苦的滋味、经受一些挫折并不是坏事,而是锻炼孩子意志和品格的好机会。除此之外,父母还应当适当让孩子参加一些家务劳动,让他们学会吃苦并在吃苦中珍惜幸福生活。也只有这样,孩子才能够真正理解,只有辛勤的劳动才能换来美好的生活。

2.父母要让孩子形成良好的心态

王莉今年正在上高二,一个周末她和妈妈去逛街,在她们正在商场试衣服时,王莉妈妈放在商场凳子上的包被一个小偷拿走了。等王莉发现的时候小偷已经快要出门了，她急忙大喊，"抓小偷呀！他偷了我妈妈的包，快抓住他！"但周围在场的十多个人竟然没有一个人站出来帮忙，她们只好眼睁睁地看着小偷跑掉了。

回到家以后，妈妈看王莉一直闷闷不乐的，就对她说："好了莉莉，只要咱们健健康康、平平安安的，那个包丢了就丢了，钱财都是身外之物。"

莉莉难过地说："妈妈，我今天真的是太失望了，明明周围有那么多人，如果他们能够站出来抓住小偷，小偷一定不会那么嚣张，这个社会根本就没有什么活雷锋了。"

妈妈笑着说："莉莉，你想想咱们对门的刘奶奶，她经常默默地为左邻右舍做好事，从来不要求回报。还有上次在小区广场，一个三岁的小女孩差点被汽车撞到，那个叔叔不顾自己的危险冲上去一把将她搂在怀里才避免了一场悲剧。所以你不要因为一件事情就对整个社会失望，在我们身边还是善良的人多。"

在妈妈的开导下，王莉认识到了自己的想法很偏激，她决心不再以偏概全地看待问题了。

上文事例中的莉莉在妈妈的开导下得到了心理上的平衡。孩子的心理健康发展离不开良好的心态，父母应当教会孩子正确地看待问题，并学会一些平衡心理的技巧和方法，从而获得健康的心理。

3.父母要教孩子学会倾诉和自我排解

父母要教会孩子排解心理压力的方法，比如找好朋友或父母倾诉自己的烦恼。俗话说，"一个痛苦两人分担，痛苦就减轻了一半"，当孩子将烦恼向他人倾诉过之后，内心就会舒服很多。父母也可以教孩子利用写日记、大哭一场等方式将自己内心的不良情绪排解出来，这样就可以避免郁闷的情绪影响自己的身心健康。

高中是孩子人生观、价值观、
爱情观逐步定型的阶段

　　高中是孩子人生中一个非常重要的阶段。因为即将面临高考，中国的应试教育使得孩子的学习任务明显加重。更重要的是，在这一时期他们将经历从未成年人到成年人的过渡，他们的性格、品质、思维能力和解决问题的能力也渐渐趋向成人化，同时高中还是孩子人生观、价值观和爱情观逐步定型的阶段。

　　首先是人生观。简而言之，人生观指的就是孩子对人生的看法，具体包括孩子的荣辱观、苦乐观和生死观。孩子的人生观主要是在实际生活中逐步发展形成的，由孩子自身的世界观决定。有很多孩子因为受家庭环境和社会因素的影响，只愿意享乐而吃不了苦，争强好胜爱面子，或者遇到了一点挫折、吃了一点亏，就采取过激行为，不珍惜自己的生命，这都是因为他们的人生观出现了偏差。

　　王建今年正在一所重点高中上高二，他平时学习成绩不错，在班上能排到五名左右，父母和老师也很重视他的学习。一天在一节化学课上，王建发现老师讲的知识点他都会，就翻开了一本从同学那里借来的武侠小说，津津有味地看起来。他的这一小动作没能逃过化学老师的眼睛，恨铁不成钢的老师当场没收了王建的书，还当着全班同学的面狠狠地批评了他一通。王建感觉自己在同学面前丢了面子，越想越钻牛角尖，竟然留下一封"遗书"，从教学楼的四楼跳了下去。万幸的是他最终没有生命危险，但却因为身体多处骨折，不得不请假在家休养几个月。这不仅严重影响了王健的学习，也让他的父母担心坏了，他们一直在反思自己平时太过于关注孩子的学习，而忽视了对他人生观的正确培养。

　　上面例子中的高中生王建因为上课看小说受到了老师的批评而选择轻生，这不得不引起所有父母的反思。可见，高中生的学习虽然重要，但他们能否建立正确的人生观更重要，人生观一旦定型就很难改变，它是孩子能否真正成才的重要因素。

其次是价值观。价值观是一个人对周围事物的看法和评价，它决定着人们的社会行为。对于青少年来说，他们的价值观容易受到周围环境的影响。比如，当一个孩子身边的朋友都喜欢追星时，他也就容易陷入对某个明星的盲目崇拜。再比如，当孩子周围的人都追求名牌和潮流时，他的价值观也会慢慢地受到影响，变得追求时尚和新潮。

最后是爱情观。爱情观指的是一个人对爱情的基本态度，比如如何看待爱情、初恋，有着什么样的择偶标准等。对于正值青春期的高中生来说，他们的第二性征发育越来越成熟，又对美好的爱情充满了憧憬和想象。这个时期他们的爱情观将直接影响到他们日后的婚姻生活。

综上所述，高中时期是孩子人生观、价值观和爱情观逐步形成的重要时期，因此，父母需要及时关注孩子的内心需求，在他们需要的时候能够给予及时的帮助。以下的几点建议可供父母参考。

1.父母要帮助孩子做好人生规划

高中是孩子人生中的重要时期，除了即将面临高考，他们还要完成自己从孩子向成人的过渡。有的孩子对自己的未来丝毫没有计划，别人问他对未来有什么想法，他会无所谓地说："走一步看一步吧！"或者干脆说："不知道，我爸妈已经给我安排好未来了。"因此，父母既要提醒孩子为自己的未来做好规划，同时又要注意不能"包办"孩子的未来。

一个良好的人生规划不仅能够帮助孩子了解自己内心的想法，更能够让他们确立人生目标，避免在前进的路上浪费时间。要想让孩子做好人生规划，首先要让他们确定自己的理想是什么，自己最擅长什么，让孩子更加了解自己。其次，父母要教孩子制订适宜的高中计划，包括学习计划、生活作息表等，然后坚持执行。

2.父母要帮助孩子树立良好的价值观

对于高中生来说，他们的价值观出现偏差大多是因为盲目的个人崇拜。比如，只要他们喜欢上了哪个明星，那么无论这个明星的言语是否恰当，他们都会

觉得那是对的，并且会跟着模仿。对于这种情况，父母要耐心地帮助孩子扭转观念。首先，父母要了解孩子盲目崇拜偶像的原因，是因为叛逆，还是因为思想不够成熟，或是因为自己和孩子之间的沟通太少等，找到原因后父母应当对症下药，多与孩子通过平等的对话进行有效沟通，用充满智慧的爱来帮助孩子树立良好的价值观。

3.父母应引导孩子形成健康的爱情观

对于高中生来说，爱情并不是一个陌生的词，他们从各种文学作品或其他渠道中一定对此有过耳闻或者想象，他们也很容易对某一个异性产生好感并认为那就是爱情。因此，很多高中生都会陷入早恋而无法自拔。事实上，他们可能并不能理解爱情是怎么一回事。

高中生的学习任务越来越重，如果他们过早陷入早恋必然会分散相当大一部分精力，从而对他们的学习造成不良影响，自制力差的孩子还容易做出出格的事情，使自己未来的人生受到影响。因此，父母要引导孩子形成健康的爱情观。首先，父母应及时向孩子讲一些青春期的知识，让他们能够了解并正视自己身体和心理上的变化。其次，父母要教孩子学会对自己的感情负责任，将爱情视为一件美好的事情。最后，生活在幸福美满的家庭中的孩子，其爱情观和婚姻观也会更健康，因此，父母要为孩子营造出和谐的家庭气氛，让孩子真正学会爱。

盲目跟风容易让孩子迷失自我

高中阶段的孩子自控能力不强，意志力也比较薄弱，他们在吃穿和行为习惯上很容易受到周围环境的影响，出现盲目跟风的情况。比如，一些高中生追求名牌，互相之间炫耀攀比，导致他们的虚荣心越来越强，心灵也渐渐受到腐蚀。

首先，高中生容易盲目追星。追星在高中生中间是一个非常普遍的现象，曾有一所高中面向全校学生开展了一项问卷调查，题目就是《我最崇拜的人》，结果答案最多的并非老师或父母，而是那些明星偶像。

　　家住青岛的王涛是一个正在上高中一年级的男生，他从初中一年级开始就喜欢上了明星谢霆锋。在王涛的书桌里塞得满满的都是谢霆锋的专辑和海报，他还留了一个和偶像一样的发型。除了这些，为了让自己看起来和谢霆锋一样酷，他几乎从来不主动和别人打招呼，也很少和同学聊天，整天板着一张脸，用王涛的话来说，"这样最酷了！"

　　有一次，谢霆锋准备到青岛开演唱会，王涛得知这一消息之后非常激动。为了能见偶像一面，他不顾演唱会当天自己需要去上学，瞒着父母偷偷用自己攒了很久的零花钱托朋友买了一张票，向老师请了个病假独自去了演唱会现场。老师打电话给他的父母问候病情时才知道他并没有生病，父母焦急地找了整整一下午，也不知道他到底去哪儿了，直到晚上王涛回家，父母才知道他是逃课去看偶像的演唱会了。

　　上文事例中的王涛不惜向老师请病假逃课，只为去参加偶像的演唱会，可见盲目追星对于高中生来说是非常不可取的行为。这不仅会使他们的学习成绩下降，养成乱花钱、上课注意力不集中等不良习惯，还容易使孩子迷失自我，导致其个性得不到正常发展。除此之外，盲目追星不利于高中生人生观和价值观的树立，会对他们今后人生的发展造成不利影响。

　　其次，高中生容易盲目攀比。有很多高中生习惯和其他同学在衣食住行上比较。比如看谁穿的衣服是名牌，看谁父母开的车更豪华等。久而久之，孩子的虚荣心就会越来越强，如果看到别人有的东西自己没有，就会心理不平衡，甚至怨恨自己的父母，从而产生一系列的心理问题。

　　最后，高中生在分文理科时容易盲目跟风。对于高中生来说，选择学文还是学理是高中阶段一件非常重要的事情。很多孩子在这一问题上容易盲目跟风。比如，有的孩子听别人说文科比理科容易所以就选择学文，有的孩子因为好朋友学理科所以他也跟着学理，还有的孩子因为选理科的人多所以自己也选择学理，其

实这样选择都是不正确的。高中生盲目选择自己所学的科目容易使自己在真正学习的时候遇到很多问题，比如对于自己所选的学科并不擅长，或者因为缺乏兴趣而觉得学习很枯燥等。

总之，盲目跟风既阻碍高中生身心的健康发展，又影响他们的正常学习，因此，父母应当帮助孩子改掉盲目跟风的习惯，培养孩子辨别是非的能力，让孩子凡事有自己的主见。以下几点建议可供父母参考。

1.父母应尽早培养孩子自己的事情自己做主的习惯

没有主见的孩子很容易盲从，因此，父母要给孩子自己选择的机会，而不能事事包办。对于孩子自己的事情，父母可以放手让孩子自己做主，从小培养其形成良好的独立自主的能力。对于高中阶段分文理科的问题，父母也要尊重孩子的想法和喜好，不要总将自己的愿望灌输给孩子。除此之外，父母还要鼓励孩子听从自己内心的声音，要切合实际地选择自己最喜欢也最适合自己的，而不是很多人都喜欢的。孩子只有在自己感兴趣的领域才能够更有发展潜力，并且在快乐中成长。

2.父母要教孩子理性"追星"

刘悦正在上高中一年级，她很喜欢唱《甄嬛传》主题曲的姚贝娜。可以说，她在对待明星的态度上就很理性。相比现在很多同学喜欢的各种偶像天团和俊男靓女，刘悦更喜欢听一些实力派歌手的演唱并向他们学习一些唱歌技巧。刘悦从小就非常喜欢唱歌，她的理想就是大学毕业后做一个歌手。她最喜欢看"中国好声音"，在关注歌手的歌声之余，她对评委的点评更感兴趣，从那些中肯的评价中她也学到了很多东西。

刘悦追星并不影响学习，相反，她还会用"唱歌"的梦想来激励自己好好学习，她对自己说："只有现在好好学习，长大以后才有机会去学习系统的声乐知识，才能实现自己的梦想。"因此，刘悦的学习成绩在班里一直名列前茅。

上文事例中的刘悦就是理性追星的代表，喜欢偶像不仅没有影响她的学习，反而成了她进步的动力。因此，高中生的父母要让孩子意识到明星也是普通人，他们既有优点也有缺点，父母要让孩子学会分辨什么该学什么不该学，从而引导孩子理性追星。

3.父母要培养孩子正确的比较观

父母应当引导孩子形成正确的比较观，告诉孩子要多在学习、人品和性格上和周围的同学进行比较，不要在穿名牌、开豪车或住别墅上面盲目攀比。父母也不能轻易满足孩子对名牌衣物的要求，父母要让孩子意识到，有很多物质上的东西都会随着时间的流逝而被遗忘，只有知识和头脑是永远属于自己的。只有树立了正确人生观的孩子才不容易随波逐流，才能根据自己的个性特点找到最好的发展方向。

高中三年，父母也应该不断学习

有很多高中生的父母认为孩子已经长大了，不需要自己管太多了；也有的父母只为孩子提供丰厚的物质基础，对于孩子精神上的需求则不闻不问；还有的父母因为工作繁忙，完全把孩子交给学校，他们要求孩子用功读书，自己却一本书都不翻。父母的这些做法都不利于孩子健康成长。只有不断学习进步的父母才能培养出优秀的孩子。

首先，高中生父母应当像对待一份工作一样对待自己"家长"的身份。每个年龄段的孩子都有其不同的生理和心理特点，父母只有了解了孩子在成长中的共性和个性特点，才能够有的放矢地对其进行引导，从而满足孩子真正的需求，帮助孩子快乐成长。这就需要父母将自己的"家长"身份看成一份神圣的职业，并用心地去琢磨自己该怎么做才最适宜。另外，父母要合理安排自己的时间，至少要留出充足的时间陪伴孩子，只有这样，父母才能在孩子需要的时候及时站出

来，成为让孩子可以信赖的朋友。

需要注意的是，这里所说的父母要多陪孩子并不是让父母做一个教导者，也不是说父母可以随意干涉孩子的行为或将自己的意愿强加给孩子。高中生的身心发展都趋于成熟，他们已经能够独立完成很多事情。因此，父母要从原来的教导者转变为观察者甚至助手。既要让孩子能够感受到父母的陪伴，又不应让他们因此产生不必要的心理压力。

其次，高中生的父母要多抽时间研究一些教育方面的书籍。如果父母不善于学习，总是习惯用自己固有的教育方式对待孩子，就很容易在实施的过程中出现偏差，或者随大溜，跟着大多数家长走。这样的教育方式并不一定是正确的，有可能存在着这样那样的弊端。因此，父母应当抱着虚心求教的态度，多看一些适合高中生的教育著作，并且要尽量多地去了解一些孩子在高中阶段常见的问题。

刘昕是一个正在上高中一年级的学生，她平时一有时间就喜欢和爸爸聊天。每当遇到什么烦心事或者学习上的困惑，她也总愿意和爸爸念叨念叨。刘昕的爸爸是一个非常开明的家长，在一家工厂上班，他的文化程度并不高，只是高中毕业，但他对女儿的学习和生活非常关心和重视。刘昕的爸爸深知以自己的水平帮助女儿解答各种困惑是很困难的。为了给自己充电，他每天都利用至少一个小时的时间在互联网上学习。他经常浏览一些以高中生家长为主的论坛，或者搜索一些培养出优秀高中生的家长所写的教育类电子书。

一天吃过晚饭后，刘昕在和爸爸聊天的时候无意间问道："爸爸，别的家长一天到晚都会追问孩子的学习情况和考试排名，您怎么从来不问我呢？"

爸爸回答说："你在学校学习一天已经很累了，回到家就该放松放松。爸爸不问你是因为相信你能够安排好自己的时间和学习，再说了，如果你想告诉爸爸自己就会说了，不是吗？"

刘昕感动地搂着爸爸的脖子说："您真是我的好爸爸！您放心，我一定会努力学习的！"实际上，刘昕的爸爸并不是不想询问女儿的学习情况。但他通过互联网上的学习已经意识到了在家里不应该过多地与孩子谈论学习，因为这样不仅容易引起孩子的反感，还有可能会适得其反。因此，他平日里和女儿谈论的都是一些轻松有趣的话题。而刘昕也确实像她自己所说的那样，考试成绩一直在班上名列前茅，在学习上没让爸爸操过心。

由此可见，除了看书，高中生的父母还可以像上面事例中的刘昕爸爸一样通过互联网进行学习。需要注意的是，虽然互联网上的知识非常丰富，但并不一定适合所有的孩子。因此，父母在学习的过程中要本着"取其精华"的原则，选择适合自己孩子性格、学习和生活习惯的内容。

最后，父母要学习如何正确地鼓励孩子。有很多高中生父母因为孩子的学习成绩不理想，就对孩子非打即骂，或者用挖苦讽刺的话来刺激孩子，还有的父母干脆直接放弃对孩子的教育，任其发展。这些做法都是不正确的，很容易就会伤害孩子的自尊心，有的孩子会因此变得自卑、胆小，有的孩子会渐渐形成漠然、冷淡的态度，还有的孩子开始随波逐流，甚至走上歪门邪道。因此，无论孩子在学校的发展如何，父母都不能轻易说放弃。要知道好孩子都是夸出来的，只要父母学会正确鼓励孩子的方法，并及时对孩子的努力做出表扬，在这样的赏识教育下，孩子大多都能够产生自发的积极性，从而取得更大的进步。

需要注意的是，父母在对孩子进行赏识教育的时候要掌握好分寸。并不是孩子做的每一件事情都要进行表扬，赏识教育也不仅仅是对孩子说"你真棒"，而是要切合实际地对孩子实实在在的进步进行具体的肯定。比如，父母可以对孩子说，"你这一个星期的生活作息非常有规律，值得表扬，妈妈相信你能够坚持下去！"或者"你的这篇作文逻辑性强，语言优美中带着风趣，写得不错！"等。

总之，高中生的父母应坚持不断地学习，用科学的教育理念和方式来引导和帮助孩子，在孩子学习生涯中最重要的三年中扮演好自己的角色，陪伴孩子在快乐中共同进步。

高中孩子的人脉积累进入了关键时期

人际交往指的是人与人之间通过接触在行为和心理上相互影响的一个过程。良好的人际交往能力对于高中生来说是非常重要的。高中生的人际交往主要包括与老师、同学和朋友之间的交往，在这一阶段，良好的人际交往对孩子的重要性主要体现在以下几个方面。

首先，良好的人际关系会消除孩子的孤独感。在孩子刚升入高中后，因为不能很快适应环境，容易产生强烈的孤独感，同时他们对人际关系比较敏感，如果不能和周围的老师、同学融洽相处，孩子的情绪就会更加压抑，进而对自己的学习造成不利影响。相反，如果孩子能够在新的班集体中建立起良好的人际关系，就有利于其尽快建立安全感。

其次，良好的人际关系有助于孩子建立人脉。人脉指的是一个人的人际网络。拥有良好人际关系的人，其人脉自然也就更加宽广。俗话说，"朋友多了路好走"，无论在孩子以后的工作还是生活中，人脉都能够帮助他们更快达到自己的目标。

最后，高中时代的友谊往往比较持久。高中生在交友上更加注重彼此之间有共同的兴趣和爱好，会选择和自己个性、脾气比较相近的人成为朋友。因此，人们在高中时代结交的知心好友一般友谊都会非常持久。

有很多高中生在人际交往上存在着一些误区，他们有的认为朋友越多越好，因此看见谁都想发展成无话不谈的朋友。有的在和他人的交往中为了得到所有人的满意而去迎合讨好他人，最终却迷失了自己的个性。还有的认为人际交往就是请客吃饭，于是花钱大手大脚，经常请朋友吃饭，最后却只换来一些"酒肉朋友"，平时胡吃海喝，一旦遇到真正的难处却没有一个人能够真心地帮助自己。

刘伟今年正在上高中二年级，他性格外向，特别喜欢交朋友。升入高中后短短不到一年的时间里，他已经把高一四个班的同学认识了个遍。刘伟走在教学楼的走廊里，总会时不时地和迎面走过来的同学打招呼或者聊上几句。同学们都很羡慕刘伟认识那么多人，刘伟听了心里也美滋滋的。

为了交到更多的好哥们，刘伟还喜欢到学校附近的小饭馆请各路朋友吃饭。刘伟的爸爸是一家私企的老板，他平日里工作繁忙顾不上关心儿子，就经常给他大把的零花钱。于是，这些就成了刘伟广纳好友的资金。刘伟和朋友们在饭桌上称兄道弟，俨然就是电影里肝胆相照的哥们儿，就差拜把子结拜了。

一天，刘伟又请一帮人在一家烧烤城外面吃烧烤，又给一个朋友要了三瓶啤酒。就在他们吃得热火朝天时，一个朋友和烧烤城的另一拨客人发生了冲突，双方狠狠打了一架。最后事情闹到了派出所，学校得知后将参加打架斗殴的学生都叫到了一起。让刘伟没想到的是，所有人都说事情是因为他请客引起的，没有一个人为他说话。从此以后刘伟下定决心，再也不盲目结交酒肉朋友了。

高中阶段是孩子发展友谊的重要时期，也是孩子积累人脉的关键时期，父母应当教会孩子更好地与他人相处，并掌握与人交往的技巧。以下的几点建议可供父母参考。

1.父母要教孩子克服害羞心理，主动与他人交往

很多高中生因为害羞，所以不愿主动和他人交往，或者在与别人说话时不好意思直视对方，这样不但会妨碍孩子与他人的正常交流，还会给对方造成误解。这就需要父母帮助孩子克服害羞心理。父母可以教孩子一些简单的小技巧，比如在与比较陌生的人交流时要毫无畏惧地看着对方，这样不仅表现出了自己对他人的尊重，还能有效地增加自己的自信心。如果感觉自己实在紧张，也可以通过做深呼吸的方法消除自己的紧张感。只要孩子能够克服羞怯心理主动和别人交往，那他就会越来越自信，人际关系自然也会越来越好。

2. 父母应教孩子多交益友

对于高中生来说，朋友并不是越多越好。因为孩子在高中阶段的学习任务很

重，如果结交的朋友过多，那么就需要付出大量的时间和精力，会严重影响自己的学习。父母应当教孩子正确分辨哪些朋友是益友，哪些朋友是损友。父母要多鼓励孩子结交能够在学习或生活中相互鼓励、共同进步的朋友，远离那些经常传播负面信息或者不务正业的损友。

3.父母要教孩子学会真诚待人

马克思曾说过："人的生活离不开友谊，真诚的友谊需要用真诚去播种，用热情去灌溉，用谅解去护理。"每个人都喜欢真诚的人，也愿意结交真诚的朋友。因此，父母要教孩子在与他人的交往中学会真诚待人，不可弄虚作假，也不可当面一套背后一套。

4.父母要教孩子正确看待和朋友之间的争执

高中生的自我意识越来越强，他们在看待事物时经常会有自己独特的观点，因此即使再好的朋友也避免不了会发生争执。父母应当引导孩子用良好的心态面对与朋友之间的争执或矛盾。首先，要教孩子学会忍耐和克制自己的情绪，能做到不轻易发怒。其次，要教孩子在遇到矛盾时尽量以宽容的心态去妥善处理。最后，父母要培养孩子养成能够反省自己错误的习惯，教他们做错了事情要及时道歉。总之，父母要教会孩子和平地处理各种矛盾。

父母要为孩子的情商发展保驾护航

情商又叫情感智商，指的是一个人理解、控制和运用自己以及他人情绪的能力。这一概念最早是由美国哈佛大学的心理学家丹尼尔·戈尔曼提出的，他在自己的著作《情感智商》中说道："真正决定一个人能否成功的关键是情商能力而不是智商能力。"事实的确如此，很多高情商的人都有着很强的责任心、组织管理能力、解决问题的能力和抗挫折能力，并且能够在工作中保持较高的热情。

在我国的高中教育中普遍存在着重智商轻情商的现象，很多父母过多关注孩子学习文化知识的能力和学习成绩，却经常忽略对孩子情商能力的培养。事实上，高智商的孩子未必能够成功，但是情商却会影响孩子的一生。对于高中生来说，情商较低容易使他们出现以下几个问题。

首先，抗挫折能力差。高中生正处于青春期，他们的心理发展正在逐步走向成熟，他们还不能够很好地控制自己的情绪，并且遇事容易冲动，也不能坦然地面对失败，在困难面前经常灰心丧气、态度消极。

王芳今年正在上高二，她的学习成绩很好，却整天闷闷不乐的，看上去一副心事重重的样子。原来，王芳的脾气很急，说话总是直来直去的，往往无意中就把别人给得罪了。而且她特别不善于控制自己的情绪，遇到一点小事就容易自己生闷气或者向别人发火。因此同学们都不愿意和王芳在一起聊天，这使得她更加郁闷了。

前几天，期中考试的成绩公布了，王芳看到平时成绩不如自己的同桌年级排名竟然比她还要靠前三位，就板着脸小声嘟囔了一句，"有什么了不起，就这一次凑巧考到我前面了。"王芳的同桌听了很气愤，但是并没有说什么。

其次，自控能力较差。虽然高中生的自主意识明显增强，但如果情商较低，就会影响他们的自控能力。比如，不能很好地完成自己的计划、不能养成很好的作息习惯、意志力薄弱从而不能控制自己的行为等。

最后，情商较低的孩子缺乏团队意识。很多高中生过多地追求个性发展，集体意识比较淡薄，他们在班集体中不善于和其他同学合作，缺乏团队意识。这些都是情商发展不够好的表现。总而言之，情商教育是高中阶段孩子心理教育中非常重要的内容，孩子的情商发展的快慢与父母密不可分，只有父母及时给予重视，才能有效改善孩子的情商素质，进而促进孩子生理、心理、情感、意志等多方面的协调发展，并激发孩子的学习积极性。以下的几点建议可供父母参考。

1.父母要让孩子了解自己的情商发展状况

父母可以通过让孩子做情商测试来真正了解自己。首先要让孩子认识并正

视自己的情绪，只有做到这一点他们才能够更好地了解自己在情绪方面存在的问题。其次，父母要教会孩子管理情绪的一些小技巧。比如制作一个"情绪管理册"，将自己的一些不良情绪都记录下来，并通过这样的方式排解烦恼。还可以通过在生气或者愤怒时停顿五秒的方法来克制自己的情绪。最后，帮助孩子提高了解他人情绪的能力。理解他人的情绪其实就是我们平时所说的换位思考，这是非常基本的一个人际交往的技巧。

2.父母要让孩子明白情商的重要性

有很多学生并不明白情商对于自己人生发展的重要性，对自身情商发展总持有一种无所谓的态度。因此，父母应当让孩子明白情商的重要性，使他们能够有意识地提高自己的情商能力。尤其是对于一些学习成绩并不理想的孩子，父母更有必要告诉他们，有很多读书时成绩特别好的同学走入社会后发展平平，而那些成绩一般的同学却反而获得了成功，这就在于他们情商发展的不同。

3.父母要通过挫折教育提高孩子的情商

很多高中生都是在顺境中成长起来的，他们习惯了父母及其他长辈无微不至的关怀，几乎没有经历过失败。这样的孩子很容易感情脆弱、情商不高。因此，父母可以通过适当的挫折教育帮助孩子提高情商。比如，教孩子正视学习成绩的退步、勇敢面对自己遇到的难题等。父母也可以有意识地在生活中为孩子安排一些有一定难度的任务，如果孩子顺利完成了，要给予及时的表扬。假如孩子遇到了困难无法完成，父母就要抓住机会对孩子进行挫折教育，让他们意识到失败并不可怕，真正可怕的是一蹶不振。这样孩子的抗挫折能力就会越来越强，他们的情商自然也就会越来越高。

第2章

做高中生孩子的知心父母

家长应把对孩子的爱用在刀刃上

小兰是个性格比较外向的孩子，她从小就很机灵，教过她的老师都很喜欢她。家长对小兰的期望很高，对她的学习一直都给予很大的支持，小兰也不负众望地考上了一所重点高中，这让一家人都很高兴。

小兰以前的学习成绩一直很好，上了高中之后也没有落下，甚至比以前学习更好了。很快就到了期末，小兰在这次期末考试取得了年级前十的好成绩。小兰的家长为此非常高兴，对待女儿的态度也发生了变化。

由于小兰这次考试成绩非常突出，妈妈对她的呵护就更加体贴了。不再给小兰过多的学习压力，也不太约束她的生活规律了。不仅如此，妈妈还给小兰买了手机，其目的是方便孩子与老师和其他同学交流做题心得。

有了这次的"甜头"，小兰的学习动力就更大了，在接下来的学习中又有了明显的进步。这次小兰没有等家长奖励她，而是自己和家长要了一个奖励，小兰对妈妈说："妈，给我买个电脑吧，我们老师有很多题都用PPT讲的，我有电脑能方便学习。"

在此之前，妈妈是极力反对给孩子买电脑的，她担心小兰会因为玩电脑而影响学习成绩。但是，这次妈妈却没有反对，她想：女儿已经这么优秀了，就不用家长操心了，更何况电脑的确能帮助孩子提高学习成绩。

于是，妈妈二话没说就给小兰买了一台电脑。没想到的是，小兰有了这台电脑之后，学习成绩不但没有提高，反而下降了许多，并且经常沉迷于电脑游戏之中。当妈妈发现这个现象之后，再想弥补却为时已晚了。

每个家长都希望自己的孩子学习成绩优异，甚至有些家长会因为孩子的学习成绩好而溺爱孩子，答应他们很多不合理的请求。像例子中小兰的妈妈一样，她

以前很明白电脑对孩子的利弊。但是，当小兰接二连三地取得优异的成绩之后，妈妈就被喜悦冲昏了头脑，给孩子买了电脑，影响了她的学习成绩。

溺爱就是家长对孩子的过分宠爱，是很多家长都容易有的一种错误的爱。家长对孩子的溺爱一般在两个阶段最为严重，一个是孩子小的时候，另一个就是孩子在高中的时候。其主要原因就是，高中生的学习压力大，家长想要竭尽所能的帮助孩子缓解压力，满足他的生活所需。尤其是当孩子的学习成绩有了明显的进步之后，家长的溺爱程度就会增加。

家长爱孩子就应该把爱用在"刀刃"上，而不是过分溺爱。溺爱的敝处有很多，比如，家长因为孩子的成绩优异而对他过度呵护，就会使他骄傲，在学习时的努力程度也会因此而降低，甚至会因为家长的宠爱而影响他的性格与生活态度。

因此，家长要把对孩子的爱用在该用的地方，这样才能让孩子把家长对他的爱转换为学习的动力，他的生活才会更加积极向上。以下有几个需要家长注意的地方以供参考。

1.家长对孩子的爱要适可而止

当孩子的学习成绩有进步时，家长应该高兴并且给予他一定的鼓励。但是，家长需要注意自己对孩子的爱是否合理，要考虑这样的爱会不会给他带来不利的影响，这才是把给孩子的爱用在"刀刃上"的表现。

小兰妈妈的做法就是对女儿过分溺爱的表现，她不应该因为女儿的进步就一味答应她不合理的请求，更不应该放松对她的管教。因此，当家长遇到这样的问题时，要理智地面对孩子，然后对她说："你学习好了是妈妈最大的欣慰，但是，这不是你索要奖品的借口。等你念完高中考上理想的大学时，你想要有的和你需要有的东西妈妈一样都不会少给你。再耐心等一段时间好吗？"

当家长这样对孩子讲明道理之后，就能让她知道家长不是不给她买她想要的东西，而是还不到时候。这样的说法不但不会打击孩子学习的积极性，还会使她学习的目标更加明确，学习时能更有动力。

2.如何缓解孩子学习时的乏累与压力

学习压力是孩子提高学习成绩的动力，但是，压力太大就会成为他前进的阻力。孩子在高中的学习生活中会有很多的压力和疲惫。有些家长看到孩子学习时受了很多苦之后，就会很心疼孩子，然后就会在衣、食、住、行等方面给予孩子过分的溺爱。

俗话说："吃得苦中苦，方为人上人。"不先吃苦又哪里来的甜呢？当家长明白这个道理之后，孩子乏累的问题就迎刃而解了。首先，孩子学习累了可以歇一歇。谁都有累的时候，当孩子累了的时候，可以让他稍微放松一下。比如，躺一会儿闭目养神、听听音乐缓解下心情、稍微运动一下使自己精力充沛等。但是不要放松过头了，像玩游戏、运动量过大、休息时间过长等都是要尽量避免的。

其次，给孩子精神食粮。学习累是每个孩子在学习阶段都会经历的过程，只要坚持熬过去了，无论结果如何，他都是成功者。因此，家长要让孩子明白这个道理，鼓励孩子坚持，让他知道坚持就是胜利。当孩子在精神上得到鼓励之后，他就会更有精力去学习，也就不觉得学习有多累、多苦了。

总而言之，家长对孩子的爱要用在"刀刃"上，不能因为爱孩子而影响他的学习与生活。面对孩子的过失与不足就应该批评，孩子有了进步和收获就应该给予鼓励。让孩子知道家长爱他，与他共进退，才能让他更加乐于学习，更加快乐地成长。

良好的家庭氛围能帮助孩子提高成绩

小亮刚刚结束了中考，并且以优异的成绩考入了一所省重点高中。小亮得知这个消息之后非常高兴，并且很期待高中三年的生活。

开学第一天，小亮终于踏入梦想中的学府，此时心情无比激动，并且对未来充满了向往。在高中的班级里，小亮很快就和同学们打成了一片，大家的关系处得都很融洽。教他的老师都很负责，小亮也很喜欢上这些课。因此，他的学习成绩很优秀。不仅如此，同学们对小亮的印象都很

好，他的高中生活也有了一个良好的开始。

可是，事情并没有一直向好的方面发展，小亮家里发生了一些事情，对小亮的学习造成了很大的影响。小亮在考上高中之后，他和父母都松了一口气。但是，小亮爸爸和妈妈在讨论是否需要花出更多的时间来照顾孩子的事情上出现了分歧，爸爸认为现在刚上高一，家长应该再努力挣点钱，给孩子一些吃穿上的保障。妈妈认为高中三年都很关键，应该多陪孩子。

两人的意见相持不下，陷入了冷战当中。小亮夹在两个大人中间很为难，就主动和他们说："我自己能主动学习，不用你们太操心了。我知道你们都是为了我好，你们别吵了好吗？妈妈你就去找工作吧，我自己学。"

小亮没想到，妈妈听了他的话之后更加坚决了，决心要留下来陪他学习。从那以后，小亮父母的夫妻感情就出现了一些问题，两个人经常会吵嘴，对小亮的生活与学习影响极大。

小亮原本学习成绩很好，可是，自从父母频繁吵架之后，他的学习状态受到很大影响，成绩也下降了不少。

家庭氛围对孩子的成长有很大的影响。如果父母之间的关系不和睦，就会影响孩子的心理状态，甚至会使孩子消极地对待生活与学习以及对家长的感情。小亮原本是个学习成绩优异的孩子，当他步入高中之后，他的爸爸妈妈在感情上出现了一些问题，导致他们经常吵架，给小亮的心理带来很大的压力，学习成绩一再下降。

良好的家庭氛围是一种由家庭成员之间的关系，以及他们所营造出人际交往的氛围所构成的一种积极健康的家庭环境。它对孩子的精神和心理都有很大的影响，是孩子在生活及成长中的重要环境因素。它不仅影响小孩子的成长，对已经上高中的大孩子也会有一定的影响。

良好的家庭氛围会使孩子健康、乐观地成长，反之则会使孩子的生活态度消极，甚至会出现性格的扭曲，对孩子的成长极其不利。不良的家庭氛围有很多，比如，有些家长会经常吵架，给孩子的情感方面带来很大的压力；有些家长有酗酒、抽烟等不良嗜好，也会给孩子的生活环境带来不利影响；还有些家长对孩子的管教方式不当等，这些不良的家庭氛围都会给孩子的学习与成长带来很大的影响。

综上所述，良好的家庭氛围对孩子的生活与学习都至关重要。家长要努力为孩子创造一个良好的家庭氛围，让他能健康成长，快乐学习，从而减少他的精神压力与生活负担。以下建议供家长参考。

1.家长要避免在孩子面前争吵

家长吵架一直都是孩子的一块心病，他们害怕家长吵架，并且对家长吵架有极其反感的态度。有很多孩子因为家长的不和，严重影响了他们的心理健康，甚至使他们做出很多极端的事情。因此，家长要尽量避免在孩子面前争吵，以保护他们的心理健康。

小亮的家长就没有做好这一点，他们在孩子的面前就发生了严重的争执，而且原因还是因为是否要给小亮陪读。这就会使小亮有很大的心理负担，产生自责的消极心理，影响了他的生活与学习。

家长在处理这个问题时，要和平解决，而且要尽量避免在孩子面前谈论这些事情。把家长之间和睦的一面展现在孩子面前，把那些不愉快都自己扛下来。这样才不至于给孩子增强除了学习之外的负担，孩子才能把更多的精力用到学习上，以便提高学习成绩。

除此之外，家长是否要工作或者留下来陪孩子，这些都是大人们应该考虑和承担的事情。家长在处理这些事情时，尽量不要把这些压力传递给孩子，否则他们就会为家长担心，影响他们的学习状态。

2.为孩子营造舒适的生活环境

舒适的生活环境对孩子能否安心学习有很大的影响。倘若孩子总是在吵闹的环境下学习，那么他的专注力就会下降，甚至会受到不良环境的影响而失去学习的耐心。由此可见，家长应该给孩子营造一个舒适安逸的生活环境，让他能专心地学习。

良好的生活环境分为外在环境与内在环境两种，外在环境就是指家里之外的环境。比如，家的附近是否吵闹等。倘若孩子学习时，周围有很多汽车的鸣笛声，或者有很大的音乐声，再或者是流动人群的喧杂声等，这些都会给孩子的学

习带来一定的影响，会使他无法专心学习，影响他的学习思路。

因此，家长在选择住房时要尽量找一个比较安静的环境，有条件的家长还可以为孩子租一间比较安静的房子，然后家长进行陪读，这样更能让孩子安心学习，有利于提高他的学习成绩。

当孩子的外在生活环境解决了之后，就要给他营造一个良好的内在生活环境。所谓内在生活环境就是指，整个房间的布局是否合理、生活氛围是否温馨等。孩子在学习时，要有自己单独的房间与单独的写字台，这样的环境有助于他养成良好的学习习惯。然后家长要把房间清理干净，让孩子在房间里能有一种温馨并且心情舒畅的感觉，他在这样的环境下学习时，才能更好地提高学习效率。

家长要尽量避免给孩子贴"负面标签"

小助是性格比较内向的孩子，平时在家里除了学习也没有其他的爱好和课余活动。妈妈很希望小助能开朗活泼起来，于是经常鼓励他多出去活动。久而久之，小助就变得比以前开朗多了。

经过小助的不懈努力，他终于如愿以偿地考上了高中。可是，上了高中之后，小助在第一次考试中的考试成绩很不理想。由于他在初中的时候成绩很好，妈妈对他的这个成绩很不满意，于是就说了小助几句。

小助被妈妈批评了之后，把压力变成了动力，努力学习，终于在第二次考试中提高了成绩，并且逐渐掌握了高中的学习节奏。小助原本以为妈妈会很为他高兴。可是，妈妈却对小助说："你应该再努力一点，你看你王姨家的孩子这次考得多好啊，人家中考成绩落后你那么多，现在不是也追上来了。你要是再不努力就被人家甩到后面了。"

小助听了妈妈的话很不高兴，决心要努力超过王姨家的孩子，让妈妈夸赞自己。可是，从那以后，妈妈经常会以这个借口来督促小助学习。并且会经常说："你要是有你初中时一半的努力，你就能考到很好的成绩，也不知道你一天天都在干什么呢。"

其实，小助已经很努力地学习了。但是，他每次听妈妈批评自己之后，心中都很不舒服，并且因为妈妈的话而对自己的努力产生了质疑。小助心想："是不是自己真的不够努力，或者真的是自己太笨了呢？"

有了这样的想法之后，小助在潜意识里就形成了自己没有其他孩子努力的思维。由于这个思维的影响，他逐渐失去了对学习的自信心。在接下来的学习中，小助学习时的努力程度明显下降了。

小助原本是个学习成绩很好的孩子，他上了高中之后，由于没有很快融入高中的学习氛围当中，前两次考试失利是很正常的事情。但是，妈妈并没有理性看待这个事情，而是用对比的方式否定了孩子的努力，并且给孩子贴上了"努力程度不够""学习状态不如初中""没有其他同学成绩好"等多个负面标签，才导致小助的学习成绩不但没有提高，而且下降了很多。

"负面标签效应"是"标签效应"的一种分类，它是指孩子经常由他人或者自己对自己行为的一些负面的评价与定位，这样的行为就可以视为他被贴上了某种带有消极信息的标签。当孩子被贴上负面标签之后，就会在潜意识中做出自我印象管理，促使自己的行为与思想往所贴负面标签的内容靠拢，最后达成一致。这种效应就是负面标签效应。

很多家长都喜欢给孩子贴标签，比如，家长在孩子小的时候，就会因为孩子的某件事情没有做好，而说孩子"笨"。每当孩子要尝试新鲜事物时，家长都担心孩子受到伤害而对他说"你不行"。这样的行为就是在给孩子贴负面标签，如果孩子长期被定格在这样的标签之下，就会在他的意识中形成"我很笨"的概念，从而影响孩子的成长。

负面标签是一种很消极的心理暗示，对孩子的影响是不可忽视的。家长要尽量避免给孩子贴负面标签。尤其是在孩子上高中之后，他的学习压力会很大，如果家长在这时给孩子贴负面标签，说他"不努力""没有其他同学学习好"等话语，就会导致他产生更大的心理压力，影响他学习时的状态。因此，家长不仅要

学会如何避免给孩子贴负面标签，还要教孩子不要给自己贴负面标签，这样才能让孩子更加自信地学习。以下建议供家长参考。

1.如何避免给孩子贴"负面标签"

"标签"无论是好还是坏，它具有一定的导向作用，能对孩子在个性意识里的"自我认同"有强烈的影响作用。很多家长在给孩子贴"负面标签"时，并不知道自己的话语已经给孩子贴上了"负面标签"，才导致孩子因此受到了影响。

小助的妈妈就是一个典型的例子，她想通过一些严格的评价激励小助进步，并不知道自己的评价已经给孩子上贴了"标签"，最后导致这些"负面标签"影响了小助的学习成绩。因此，家长要对"负面标签"这一概念重新定位与认识，才能避免给孩子的成长带来消极的影响。

首先，家长要了解"标签效应"对孩子成长的影响。只有知道出现问题的原因，才能对症下药，解决问题。其次，避免"负面标签效应"的产生。家长不能因为担心给孩子贴上"负面标签"就不评价孩子的过失，而是要换种说话方式表达自己的观点与建议。家长在避免标签效应时可以一针见血地提出问题。以小助为例，妈妈就可以直接和他说："你的成绩并不理想，甚至还没有王姨家的孩子成绩好，你应该针对这个问题反思一下自己了。"

家长这样的话语不仅能让孩子知道家长担心的问题，还能让他通过反思找到解决问题的关键。

再次，及时给孩子贴"正面标签"。当孩子知道自己在学习中出现了问题之后，家长要让他正确认清自己的学习能力，及时提醒他努力学习。家长可以这样对他说："你以前的学习成绩一直很好，都不用妈妈操心，现在也一样，妈妈相信你一定能学好。以前你比他们学习好，现在努力了之后还能超过他们，加油学吧。"

当家长这样鼓励孩子之后，他就能及时认清自我，并且增加了超过同学的信心。

2.培养孩子的自信心，不给自己贴"负面标签"

有很多孩子的"负面标签"并不是家长或者别人给贴的，而是他对自己的不自信，才主动给自己贴了一些"负面标签"，这样的标签对孩子的影响要比别人给他贴标签的影响还要大。因此，家长要培养孩子的自信心，让他能积极向上地成长。

首先，培养孩子的自信心。俗话说"世上无难事，只怕有心人"，家长要让孩子学会勇敢与自信，才能让他拒绝在苦难面前说"不"，也就避免了他给自己贴上"我不行"的负面标签。

其次，让孩子学会正确面对他人给他贴的"负面标签"。"负面标签"不仅能给孩子带来消极的心理暗示，也能反映出他不好的一面。家长要让孩子学会通过这些"负面标签"改正自己的缺点，而不要受到这些不利因素的影响，然后随波逐流地向不好的一面发展。

最后，让孩子懂得审视自我。"负面标签"能使孩子迷失前进的方法，影响他的心智与生活。因此，家长要让孩子学会审视自我，了解自我能力，才能让孩子逐渐摆脱"负面标签"的影响。

如何让孩子把家长当作"自己人"

小豆的家教非常严格，他从小就很怕爸爸，对爸爸的话更是言听计从。他刚刚考上了一所重点高中，虽然有些不太喜欢这个高中，但这是爸爸的意见。

小豆在学校学习时的心情非常轻松，学习效率很高，因此，他有很多的空闲时间。在休息时他和同学们玩得很尽兴，刚刚开学不久他就和很多同学打成了一片，关系非常融洽。由于大家关系都很好，在学习之余，他们组织了很多课余活动。但是，小豆的家长担心这会影响他的学习，就不同意小豆参加这类活动。

小豆是个很听话的孩子，他只好听家长的话放弃了一些课余活动。小豆不去参加这些活动之后，与一些同学的接触就少了许多，大家对小豆的

态度也就没有那么热情了。

有一次，同学们在聊天时，小豆也过去和大家一起聊，但是，他明显感觉有些同学不太愿意和他说话，这样的感觉让小豆很不舒服。他猜测这是他没有和大家一起活动的原因，因此，他很郁闷。

从那以后，小豆的情绪经常受到大家的影响，导致他学习成绩有了明显的下降。小豆心情不好，又没有人可以说。他好几次都想找爸爸说说，但是小豆从小就家教很严，他对爸爸有种畏惧的心理，因此，他每次都没办法开口说出来。

当小豆的爸爸发现小豆成绩下降之后，他就问小豆："你最近是怎么了，成绩怎么下降得这么快？有心事吗？"

小豆不敢告诉爸爸他心情不好的真正原因，就回答说："没事，我会调整状态的。"

爸爸看小豆不说实话就发怒了，大声呵斥他说："什么叫没事，有什么说什么，你怕什么啊？"

小豆非常害怕爸爸发火，吓得马上说出了原因。爸爸刚要因此给小豆讲大道理时，妈妈在旁边插话问道："你为什么不早点把情况和我们说呢？早说不就早解决了吗。"

小豆唯唯诺诺地说："我不敢，我怕爸爸训斥我。"

妈妈听了小豆的话之后，就想："孩子的心事找不到人诉说，没有家长出主意，那他自己要承受多大的压力与委屈呢？"

妈妈很担心小豆的状态，但是对于如何改善家长与孩子的关系却无从下手。

家长是孩子最好的朋友，如果孩子因为害怕而不敢对家长谈心里话，那么，当孩子遇到烦心事或者在生活中遇到了难题之后，就缺少了说知心话和为他出主意的人。就像小豆一样，他和同学们在相处时遇到了一些问题，却不敢和家长说，导致他的心事越来越重，影响了学习。

有些家长对孩子的要求很严厉，从小就要求他们对家长的话言听计从。这样的做法就会给孩子的心理带来很大的压力，让他们感觉家长是高高在上、无法理解他们的，并且总约束他们的行为。这样的感觉就让孩子无法与家长谈一些知心话，也无法信任家长。

家长这样的做法都有很明显的特征，比如，当孩子做某些家长不喜欢的事情时，家长就会反对，然后按照自己的意愿把处理事情的方式灌输给孩子。当孩子遇到某些烦心事时，家长会给他们讲一些大道理而不是与孩子一起思考问题，这就会让孩子觉得家长与自己越来越远，慢慢地就不愿意与家长谈心事了。

当孩子出现这样的状况之后就会慢慢疏远家长，无论是在生活中遇到了困难还是收获都不想与家长分享，甚至还会出现害怕家长责备而隐瞒家长的情况。因此，家长就无从得知孩子现在的状态是怎样的。如果孩子在这时出现了消极的心态或者做了一些不利于学习与成长的事情，家长就无从得知了。

如果家长和孩子有了这种疏远的感觉，那么当孩子出现问题时，家长的管教与建议就会令孩子反感，或者不会再言听计从了。因此，家长要学会与孩子保持良好的关系，让他把家长当作自己人。以下建议供家长参考。

1.学会从孩子的观点思考问题

孩子有他们自己的想法，在思考问题时，家长不能用大人的眼光来判断孩子的想法是否正确，否则就会给孩子一种疏远的感觉。孩子不能不管，而是要管教有方法，家长要学会从孩子的角度思考问题。有些事情的确会对孩子有些影响，但是，如果家长能与孩子一起克服这些不利的因素，那么孩子就会得到更多的收获。

以小豆为例，他原本要和同学们一起在课余时间从事一些有益健康和学习的课外活动，但是，家长担心这些活动会对孩子的学习带来影响，就阻止小豆参加这些活动，导致小豆因为此事出现了一系列情绪问题。

如果家长换个角度思考问题，把这件事当作历练孩子的一次经历，与孩子一起克服这些困难，小豆就会因此而成长许多，并且能把家长当作朋友一样相处。不仅如此，当家长从孩子的角度思考问题，并且能尊重他们的意愿之后，孩子就会逐渐感觉家长能理解他们的想法了。这时，就算家长会适当地约束孩子的行为，他们也不会觉得自己和家长关系太疏远了。

2.家长要尽量避免居高临下的管教

很多家长都会用很严厉的方式教导孩子，让他们因此而畏惧家长，然后乖乖听话。其实，这样的方法是不对的。这会使孩子与家长之间有种隔阂，当孩子遇到问题时也不愿意与家长沟通了。

因此，家长要减少居高临下的管教，尽量用沟通的方式解决问题。让孩子知道家长对他们的关心与担心，然后再让他们知道家长是与他们共进退的，这样才能让孩子更加信赖家长，愿意与家长沟通。

与此同时，沟通是改善家长与孩子之间关系的良好桥梁，家长要经常与孩子谈心，才能把他们与家长的心拉得更近，也就把家长当作了自己人。

当更年期遇上青春期，家长应该如何处理

小新已经16岁了，正处于青春期，对一切事物都很好奇，并且很想尝试新鲜事物。当他考入高中之后，就有一种如释重负的感觉，感觉自己已经能自己做主了。因此，他变得越来越不想听家长的安排与建议了。

小新的妈妈和小新的性格正好相反，她已经进入更年期了，情绪波动比较大，经常会因为一些微不足道的小事而发火。尤其是在处理与小新有关的事情时，总是不愿意让小新违背自己的想法，并且经常在小新耳旁唠叨一些事情。由于两个人所处年龄段的不同，他们的性格给他们的相处带来了很大的麻烦。

有一天，小新放学回家之后就很认真地学习，这时，有同学打电话过来，说自己过生日，要请小新和其他几个同学吃饭。小新就和妈妈说了此事，想要出去给同学过生日。

可是，妈妈对于这件事情的看法就不同了。她认为，孩子现在在学校就应该以学业为主，这类聚餐的事情能避免就避免。由于小新到了青春版

逆期，家长越不让他做的事情，他就越想做。而妈妈也是如此，小新越不听，她就越想说，两个人说不到一起，就只能大吵一架。

两个人吵了一会儿之后，小新一气之下好几天都没理妈妈，妈妈也因为这件事而气得哭了好久。妈妈在冷静下来之后也很为此事担忧，这次是用这样的方式阻止了孩子出去玩，那么下次又该如何处理呢？妈妈为此很着急。

无论是叛逆性比较强的青春期，还是情绪波动比较大的更年期，其矛盾冲突主要表现在观点的不同上。像例子中的小新与妈妈，他们思考问题的方式就大不相同，因此对待一件事情都有自己的观点。在对待吃饭这件事情上，两个人的意见出现分歧才导致他们的关系不和。

青春期的代表特征就是叛逆，处在这个时期的孩子总是想自己做主，很想尝试一些新鲜事物。他们比较活泼，讨厌家长在旁边唠叨。而更年期的特征正好相反，处在这个时期的家长总喜欢和孩子唠叨一些事情，导致孩子不愿意听家长的话。家长在这个时期又很容易心烦意乱，非常希望孩子听话，于是矛盾就这样产生了。

当家长与孩子出现矛盾之后，一般的孩子都不会在短时间内向家长低头认错。两个人的关系就得不到缓解，这时，如果家长找孩子谈话的时机不对，或者交谈的方式以及内容有欠考虑的话，就会导致彼此关系更加恶劣。

由此可见，家长要学会与孩子相处的方法，尤其是处在更年期的家长更要注意自己与青春期孩子的沟通方式，多一分理解才能使彼此的关系更加融洽。以下方法供家长们参考。

1.家长要了解青春期孩子的性格特点

有很多家长在孩子进入了青春期后，自己也处在更年期的阶段了，但他们并没有采取一些必要的方法避免自己与孩子之间的矛盾产生，才导致自己经常和孩子吵架，彼此之间的关系出现了隔阂。因此，家长要了解青春期孩子与更年期自己的差别，才能从中找到解决自己与孩子之间矛盾的方法。

首先，家长要做好一定的心理准备。无论是青春期还是更年期都有明显的特征，在遇到一件事时会有彼此不同的看法。因此，家长要想出一些应急措施，即

使自己与孩子遇到了这样的问题也能从容不迫地解决。

其次，学会分析矛盾的原因。当孩子与家长发生矛盾之后，家长要尽量避免与孩子发生过多的争执。家长应冷静下来，主动思考自己与孩子之间的矛盾冲突的原因。当家长想到原因之后，就可以从中找出解决问题的关键点，想出一个让两个人都能接受的解决办法，这样才能有效化解彼此之间的矛盾。

2.家长可以避免自己与孩子的过多接触

当家长发现自己已经处于更年期的时候，就应该主动和孩子保持一定的距离，从而避免自己的不良情绪影响孩子的生活。这样的做法不仅能减少彼此之间发生矛盾的概率，还能促进亲子之间的感情。

首先，家长不要过多询问孩子的生活与隐私。处于青春期的孩子不太愿意与家长交流感情，尤其是一些与隐私相关的事情。对于这些事情他们都有自己的想法与意见，家长如果询问过多的话只会让他们产生反感的心理，更加不愿意与家长沟通了。因此，家长要把握好尺度，适当地询问孩子的学习与生活，不能不管不问，也不能频繁关心。

其次，多给孩子一些自由。家长应该适当地给孩子一些自由。当孩子能自己做主一些事情时，他们的自由心理就得到了满足，这时，家长再从旁指点，就不会引起孩子的反感了。

再次，家长要学会理解孩子。家长在与孩子相处时，最重要的就是理解，有很多时候的矛盾都是因为误会或者不理解而造成的。比如，家长误会孩子乱花钱，误会孩子是贪玩才很晚回家，等等。这些都是家长不理解孩子的表现，当处于青春期的孩子受到了一些误解后，他们就很容易与家长发生争执，影响彼此的感情。因此，家长要学会理解孩子，在约束孩子的同时，也要给他一定的空间与自由，这样家长与孩子的关系才会更加融洽。

做个会鼓励孩子的父母

小鸣是个高二的学生，他比较能吃苦，每天都很用功地学习，成绩也一直很优异。

小鸣马上就要上高三了，妈妈担心他上高三之后的学习压力太大，就想帮孩子分担一些。于是，她休了个长假，留在家里照顾小鸣的起居。妈妈陪读的效果非常好，小鸣每天学习都很积极，成绩有了明显的进步。

小鸣的进步让妈妈很高兴，她为了鼓励小鸣继续努力学习，每天早上在小鸣上学之前都会对他说："儿子，加油，妈妈支持你。"

等小鸣放学回来之后，妈妈都会问："今天学习累不累啊，快先歇一歇再学吧。"

小鸣每次听到妈妈这么说，心里都暖洋洋的，一切疲惫都没有了。于是就回答妈妈说："没事，我不累，吃完饭就去学习，还有很多没有做的功课呢。"

有了妈妈的鼓励，小鸣的学习状态更好了。可是，随着高考的临近，小鸣的学习压力越来越大。在一次模拟考试中，由于他的心态过于紧张，导致他没有发挥出正常水平。而这次考试的排名影响着班级同学的分座情况，这是班级最后一次分座了，对小鸣很重要。他为此很心烦，压抑的情绪持续好久都无法得到缓解。

过了几天，小鸣的情绪还是没有得到缓解。妈妈看着也很着急，就想鼓励他振作起来，快速恢复到最佳学习状态。于是就鼓励小鸣说："儿子，加油，不就是一次考试嘛，这次考不好还有下次呢，咱再努力。"

可是，妈妈没想到这次的鼓励不仅没有安慰到小鸣，反而使他的心情更加郁闷了。小鸣很生气地对妈妈说："你懂什么啊，都分完座了，没有

下次机会了。"

小鸣这么反常的回答，让妈妈很吃惊，但是，她被小鸣的话问得不知道应该如何回答了，小鸣也因此而郁闷了很长时间。

家长给孩子适当的鼓励能提高他的自信心，让他在学习与生活中都能更有动力。但是，如果家长的鼓励方法不恰当，就会弄巧成拙，反而起到不利的作用。以小鸣为例，他因为班级分座位的事情闷闷不乐，而妈妈安慰和鼓励小鸣时的话语不当，不但没有取得理想的效果，反而使小鸣更加郁闷了。

有效的鼓励能增加孩子的自信心和自尊心，让他在学习时更加有动力。孩子在高中时会有很大的压力，这时家长对他的鼓励就能缓解压力，提高学习效率。但是，有很多家长不太懂得鼓励孩子的方法，就会使鼓励失去应有的效果，甚至产生一定的负面影响。比如，当家长重复鼓励孩子做一件事，或者鼓励的话语重复的太多，就会使孩子出现"心理麻木"效应，鼓励就会失去应有的效果。当孩子出现消极的心理时，家长没有弄清楚事情的原因就盲目地勉励孩子，也很可能出现不利影响。

由此可见，家长在鼓励孩子时需要适当的方法，否则就会出现相反的效果。因此，家长应该懂得如何鼓励孩子才能让他更加开心、快乐地生活与学习。以下方法供家长参考。

1.消极情绪的鼓励方法：失败也是一种激励

孩子在成长的过程中会伴随着很多成功与失败，因此，如何看待自己的成功与失败就是他们能否进步的关键因素。以例子中的小鸣为例，他就没能正确看待自己的失败，导致他出现郁闷的情绪。家长在孩子出现挫折或者心情不好时就应该多给孩子鼓励，让他从不良的情绪中脱离出来。

小鸣的妈妈在鼓励孩子时做得就不是很好。首先，她没有认识到小鸣出现消极心理的关键原因是什么。其次，她鼓励孩子的方法过于简单，重复性太强。这样的话语已经说过太多了，家长再重复这样的话，就会让孩子出现厌烦的心理，无法取得良好的鼓励效果。

当孩子出现消极情绪时，家长要分析清楚他出现这样状态的真正原因是什么。小鸣出现这次消极情绪的主要原因是没有坐到理想的座位上，并不是因为考试成绩有多不理想。因此，家长在鼓励孩子时就不能拿考试说事了，而是要以分座的事情为主线激励孩子努力学习。

家长在孩子出现消极情绪时，对他进行呵护性的安慰不一定能取得良好的效果。家长要在给予他一些安慰之后，还要让他知道失败就是自己前进的动力。小鸣的妈妈就可以这样对小鸣说："无论你坐在哪个位置，哪怕是最后一排，只要你有努力学习的心，你就能提高学习成绩。不要再为这次分座而不开心了，努力去学，无论坐哪个位置，我儿子都是最棒的。"

家长用这样的方式鼓励孩子之后，不仅不会引起孩子的反感，还能让他把消极的情绪转换为积极的态度，然后才能更加努力地学习。当他再次遇到类似的事情时，也就不会那么消极了。

2.家长要学会改变鼓励孩子的方式

很多家长在孩子取得进步之后，都会对他说一些激励的话，久而久之，这些话也就失去了激励的效果。鼓励并不一定只是口头上的赞扬，家长要学会用多种方式鼓励孩子，才能让孩子更有动力。

首先，家长要明白，鼓励可以分为很多种形式，有些行为动作甚至比表扬所表达的鼓励效果更加明显。当孩子获得一些成绩之后，家长直接给孩子一个拥抱，就能大幅度增加鼓励的效果。

其次，给孩子物质上的奖励。当孩子获得一些进步之后，家长可以给孩子准备一些奖品，这对孩子有很大的激励作用。当以后他看到这些奖品或者想起自己曾经努力得到过一些奖品时，他就会更加有动力学习，然后争取更多的奖励。

再次，激进式的鼓励法。很多家长在鼓励孩子时都会从正面去表扬孩子，可是，有些时候这些正面的表扬根本无法取得理想的效果。因此，家长也可以尝试一些比较激进的鼓励方式，比如，家长可以适当地增加孩子在进步或者退步之后的危机感。也就是说当孩子进步后，家长可以先表扬孩子，然后对他说："你这次的进步让妈妈很高兴，但是，你不能掉以轻心，每个同学都在努力，一不小心就会让他们超过你的。"

当孩子退步之后，家长也可以对孩子说："这次考不好不要紧，妈妈相信你

已经努力了，但是你要再努力一点，否则就无法追上其他同学了。"

当孩子听到这样的话语之后，他就能认清自己现在所处的形势，然后更加努力地学习了。

互相尊重是亲子和谐的保障

小雯是个高中生，她的学习成绩优异，自立能力也比较强。由于家长工作繁忙，没有时间照顾她，小雯从初中就开始住校。但是，眼看她就要高考了，学习任务比较紧，妈妈决定陪孩子一起学习，于是就让她搬回家住，方便照顾。

小雯与家长的沟通多数是在电话里，这次突然有这么多的接触机会，她有些不太适应，但感觉很温暖。每天妈妈都能按时叫她起床，给她做好吃的，她也因此而更受感动，学习的动力更大了。

好景不长，小雯由于自由惯了，对于一些事情的看法和妈妈有很大不同。于是，她们母女就会经常因为一些事情的看法不同而吵架。有一次，小雯之前的室友过生日，要请客吃饭，小雯没有和妈妈商量就愉快地答应了。妈妈在小雯临出门前才知道这个事，就有些不乐意了，对小雯说："你要出去吃饭，为什么不提前告诉妈妈。"

小雯说："对不起，妈妈，我忘了，我下次注意好不好。"

妈妈说："今天不同意你出去吃饭，首先，现在已经太晚了，其次，出去吃饭你今天的学习任务怎么办？后天不是有考试吗？"

小雯听了妈妈话，心情就有些不舒畅了，对妈妈说："今天的作业我都写完了，我们吃饭不会太久，同学的爸爸会送我们，考试我明天肯定会复习。"

妈妈说："我说不行就是不行，今天哪都不能去。"

小雯说："你怎么能这样呢，为什么不能让我做决定，以前我在寝室住的时候你管过我吗？你能不能尊重下我的意见啊？"

妈妈说："我怎么不尊重你了？我这是对你负责。"

两个人越吵越凶，最后在爸爸的劝阻下，才平息了怒火。到了第二天，小雯吵着要回学校去住，因为这件事和妈妈的关系闹僵了好久。

有些家长总是放不开孩子，总想要给他们一些建议。但是，家长与孩子的意见在很多情况下是不统一的，当家长否定孩子的观点时，他就会觉得这是家长不尊重自己意见的表现。像小雯一样，妈妈担心她的安全与学习，就反对她出去吃饭，这让小雯觉得妈妈没有尊重她的想法，而导致两个人的关系不融洽了。

当孩子步入高中之后，他与家长的亲子关系也会有一些潜移默化的变化。有些孩子会更加依赖家长，但更多孩子会和家长的思想产生隔阂，亲子关系不再融洽，其主要原因就是"尊重"。

"尊重"是亲子和谐的根本因素，只有互相尊重才能赢得彼此的信赖。如果家长经常对孩子大吼大叫，总是替他们处理一些事情或者做一些决定，就会让孩子感觉自己的行为主动权被侵犯，认为家长不尊重他们。然后就会导致孩子产生一些比较消极的情绪，比如，逆反心理等。

孩子处在学习任务比较繁重的高中时，家长如果没能和孩子处好关系，就会影响到他们的生活与学习，甚至会使孩子做出一些消极的事情。因此，家长要学会处理亲子关系，才能让孩子更好地发展自己。以下建议供家长参考。

1.如何与孩子保持互尊互重的关系

亲子关系因为"不尊重"而出现问题的情况有很多，比如，家长不尊重孩子的意见，不尊重孩子的隐私以及他的自尊等。应该尊重孩子的道理家长都能理解，但是，当他们在生活中遇到这些事情时，就不知道应该怎么处理，或者根本想不到自己的某些话或决定会影响到孩子的自尊心，才导致亲子关系发生了微妙的改变。

因此，家长想要与孩子改善亲子关系，就要学会与孩子保持互相尊重的态度。首先，家长要学会理解孩子的想法。理解是尊重的前提，家长只有理解孩子

的想法与行为，才能尊重他们。其次，及时沟通与交流。沟通是搭建亲子关系心灵的桥梁，家长只有与孩子多沟通，才能知道他们真实的想法，并且可以通过沟通让孩子提出家长不足的地方，这样就能避免出现"不尊重"的现象。

再次，给孩子爱与建议。家长在孩子的成长过程中扮演着很重要的角色，在某些特定的时候要给孩子一些必要的建议。这些建议有可能让孩子听着很不舒服，或者与孩子的意见相反，但是家长又不能不说。这时，家长就应该先让孩子知道家长是爱他们的，出于爱才给他们必要的建议。这样就能缓解孩子对家长意见的抵触情绪，有利于改善亲子关系。

2.给孩子营造一个互尊互重的家庭氛围

言传身教是家长教导孩子时比较有效的方式，家长在培养自己与孩子互尊互重的亲子关系时，也要合理运用这一点，让孩子在生活中学到互尊互重才能与家长搞好亲子关系。因此，家长要给孩子营造一个良好的家庭氛围，让孩子学会尊重家长。

首先，和睦的夫妻关系。孩子与家长的沟通方式一般都与家长之间的沟通方式比较接近，也就是说，家长之间是否互尊互重对孩子的成长有着潜移默化的影响。因此，家长要保持彼此之间的尊重与理解，只有家长做到通情达理，才能让孩子与自己的沟通更加融洽。

其次，家长要以身作则，用互尊互重的方式处理生活与事业上的琐事。俗话说"有其父必有其子"，就是说家长的性格与品性会对孩子有直接的影响。如果家长的品性恶劣，孩子也会效仿，如果家长处事时互尊互重，那么孩子也会效仿家长的处事方式。

综上所述，家长的行为对孩子有很大的影响作用。因此，家长要对孩子言传身教，用自己的实际行动给他们营造一个互尊互重的家庭氛围。当孩子长期在这样的环境下生活时，有助于他对家长保持尊重的态度，亲子关系也就能更加融洽了。

家长要给孩子传递自信快乐的正能量

小包是个比较开朗的孩子，他经过自己的努力考上了一所普通高中，并且下定决心要在这所学校里经过自己的努力而考上一所理想的大学。小包给自己定了理想之后，他学习的热情就更加高涨了。

小包的爸爸开了一个小公司，业绩还算不错。可是，在小包高二那年，爸爸的公司突然倒闭了。这次失败导致爸爸赔了很多钱，于是，他就一直闷闷不乐，垂头丧气，并且经常在家里酗酒。

爸爸的这个状态让小包很着急，就上去安慰爸爸说："爸，你别发愁了，咱可以从头再来。等儿子考上好大学之后就去学和你公司有关的专业，然后去帮你。"

小包本以为自己的话能给爸爸一点激励和安慰，可没想到爸爸却说："你能帮我什么啊？就你那个高中能考上什么好大学啊？快一边待着去。"

爸爸的回答让小包很伤心，就在这时，妈妈进来了，对爸爸说："你和孩子吼什么啊，别把气撒到孩子身上，他招你惹你了啊。"

等到了晚上，妈妈对小包说："你别把你爸的话放在心上，他是因为受到了打击才这样的，你要努力学习，听到了吗？"

小包点了点头，说："知道了。"

从那之后，爸爸的消极情绪一直持续好久才有了缓解，在这期间他的情绪对小包也有很大的影响。原本小包非常向往自己的高考与大学生活，但是，现在每次想要学习时都能想起爸爸说的话："就你那个高中能考上什么好大学啊。"

小包做了一些调查，他所在高中的重点大学升学率的确不高，因此，他也有些相信爸爸的话了，学习的热情大幅度降低，就连生活态度也没有以前那么乐观了。

世界级心理学大师理查德斯曼有一部名叫《正能量》的巨作，书里对"正能量"一词做了详细的阐述。他说："通过正能量可以提升孩子内在的积极向上的能力，从而避免那些消极沮丧的负面情绪。"因此"正能量"是一种健康乐观、积极向上的动力与情感，它是由人体内部激发出的一种潜能。

"正能量"对孩子的成长影响很大，然而，有很多家长却不在意自己的言行对孩子的影响。就像例子中小包的爸爸一样，他在事业上出现问题之后，并没有选择积极地去面对，而是用消极的方式逃避生活，把一种"负能量"传递给了小包，打击了小包想要考大学的积极性和生活态度。

如果家长不能正视正能量对给孩子带来的作用，就无法利用正能量培养孩子积极健康的心理状态。当孩子步入高中之后，学习压力比其他时期都大，这时孩子就更需要正能量来帮助自己克服那些消极的负面因素，引导他走出困境。

家长要给孩子传递一种积极、乐观的正能量，才能让孩子在遇到困难时，用更加乐观激进的态度去面对。倘若家长没有给孩子传递这样的能量或者传递了相反的能量，就会影响他的心理健康。因此，家长要懂得给孩子传递正能量的方法，才能让孩子更加积极地成长。以下方法供家长参考。

1.让孩子积极乐观地面对生活

快乐是力量的源泉，家长在给孩子传递正能量时要培养孩子乐观的情绪。只有让孩子积极地面对生活，他才能更加有激情地面对学习。因此，家长要做到以下几点。

第一，学会珍惜。无论是友情还是亲情，都是孩子人生中宝贵的财富。因此，家长要让他学会珍惜身边的每一个人，从这些情感中寻找自己的快乐。

第二，常怀感恩之心。在孩子的生活当中，一定缺少不了对他有过帮助的人。家长要让孩子学会感恩，从中体会到被帮助与关怀的温馨。

第三，学会宽容。俗话说"冤家宜解不宜结"，孩子在生活中与同学、朋友之间会有很多的小摩擦，这时，如果孩子能理解他人，宽容他人，那么他的生活中就会减少很多不必要的麻烦，他的心情就会更加舒畅。

第四，乐观看待人生。家长要让孩子懂得，不要因为生活中的某个不好的事情而沮丧。乐观地看待人生，把事情往好的一面想，就会发现生活原来很美好。

第五，为人正直，问心无愧。只有行得端，才能坐得正。家长给孩子传递正能量就是为了让他能成为一个积极进取的正直的人，因此，家长要让孩子学会坦荡做人，无论面对任何人、任何事都问心无愧，那么他的生活就会更加绚丽多彩。

2.教孩子抵抗消极情绪的方法

家长教孩子抵抗消极情绪的办法也是变相地给他传递正能量，孩子的不良情绪有很多，比如，考试失利时会有失落感，受到批评时会有沮丧感，被人超越时会有忌妒感等，这些情绪或多或少的都会影响孩子的生活以及学习状态。当他出现这样的情绪之后，就会阻碍家长给孩子传递正能量。因此，家长只有让孩子学会抵抗一些消极的情绪，才能让他有更好的心态去接受正能量。

首先，明确自己消极情绪的来源。孩子出现消极心理时都会有一定的原因，不可能平白无故地就产生了这样的情绪。因此，家长要让孩子学会寻找自己消极情绪的来源，然后再针对这件事来分析解决这种情绪的办法。比如，忌妒、沮丧、猜忌，或是其他的负面情绪，都可能是引起孩子消极心态的原因。

其次，让孩子学会问自己"为什么"。当孩子知道这些原因之后，就要及时用正能量解决这些问题。比如，当孩子受到老师的批评之后，他就可以问自己"我为什么要沮丧"，然后让孩子换个角度思考问题，其实老师的批评是为了帮助他改正缺点，有了批评他才能做得更好，所以不应该沮丧。

无论孩子遇到什么样的消极情绪，都可以用上两条方法解决，找到问题的根本原因，然后用"正能量"的方式解决，把事情往好的一面考虑，那么，他的消极情绪就迎刃而解了。这时，家长所传递的正能量也就奏效了。

让孩子拥有一颗"平常心"

小柳是个急性子的孩子，无论做什么事情都会全力以赴地尽快做完，否则就会心神不宁。这个习惯使得他办事和学习的效率非常高，学习成绩也一直都很好。

小柳的妈妈和小柳的性格很像，都是个急性子的人，但是，妈妈却有个不好的习惯，就是遇到事情无论大小都会一惊一乍。妈妈的这个习惯也影响到了小柳，他在生活和学习中有时候也会缺少"平常心"。

有一次，小柳在一次普通的测验考试中没有发挥好，考试的分数很低。回到家里之后，妈妈就很不解地看着他，对他说："你怎么能考这么低的分数呢？小的考试都考不好，过两天的期末考试你还想不想考高分了？"

原本小柳并没有太在意这次考试，但是，他听妈妈这么一说之后，压力就增大了许多。其他同学都没有把这次考试当回事，可是小柳却因为妈妈的话而郁闷了好几天，并且对他的期末考试越来越没有信心了。

小柳的这个状态很快就被老师发觉了，然后就问他说："你最近心事怎么这么重？出什么问题了吗？"

小柳把情况和老师说了，老师就安慰他说："你要用'平常心'对待每一次考试，更何况这次考试只是一次小小的测试呀。"

老师安慰完小柳之后，他还是想着考试的事情。从那以后，小柳在生活中或者学习中遇到问题时，总是无法用"平常心"来对待，导致他把一些精力都用到了一些没用的地方，学习非常疲惫。

高中生的学习压力要比其他阶段孩子的学习压力大很多，家长在这时应该对孩子进行鼓励与支持，只有用"平常心"看待他的得与失，孩子才能更加轻松地学习。否则就会出现像例子中小柳的情况，由于妈妈对孩子的要求太苛刻，太看重他的学习成绩了，导致小柳在学习时过度紧张，把每次考试都看得很重要，无法用正确的价值观看待自己的得失。

"平常心"就是顺其自然，即不苛刻地追求完美，保持一颗从容淡定的自信心。其表现就是能对自己所做的事是否能成功或者失败有一个准确的预测，无论结果如何都会尽力去做的一种心态。

"不以物喜，不以己悲"说的就是让人有一颗"平常心"，如果孩子太注重得失，无法用"平常心"对待生活，那么将导致他给自己的压力过大，总是斤斤计较，遇到困难时敏感多虑，在需要做决策的时候就会因为无法取舍而犹豫不决。

一颗"平常心"对高中生来说尤为重要，他们在极大的学习压力下就需要这样的心态来缓解自己的压力。家长在这个过程中要以身作则，家长只有用"平常心"对待生活与孩子，才能让他也学会用"平常心"处事，也就能更加轻松地学习。以下方法供家长参考。

1.家长要用"平常心"面对事业和生活上的起伏

家长的言传身教对孩子的成长有着很大的影响，有很多家长都是因为自己有着不良陋习，或者是不正确的人生价值观才导致孩子也受到其影响，从而无法积极乐观地面对生活与学业。

小柳的家长就是个典型的例子，她对孩子的要求过于苛刻，期望值过高，就连孩子在一次小测试中的失利，她也不能容忍，这就是一种太在乎得失的表现。她的这种对待生活的态度就深深地影响了小柳，导致他在学习时的压力很大，无法合理利用自己的精力与时间。

家长在处理这个问题时就要从自己做起，用自己的行动来影响孩子对待生活的态度。首先，家长要懂得用"平常心"看待生活。无论是生活上还是事业上的不顺心，家长都应该用乐观、积极的态度去面对。否则就会使孩子在遇到问题时也学家长，无法用"平常心"处理事情。

其次，家长要正确看待孩子在学习与生活中的"成绩"。有些家长对孩子的

期望值过高，导致孩子无论取得什么样的成绩都无法满足家长的期望，也就无法让孩子学会用"平常心"看待自己的得失。因此，无论孩子在生活和学业中是否能取得一些"成绩"，家长都不能用极端的看法评价孩子，而是要让他懂得享受拼搏的过程，而不是注重结果。这样就能减轻孩子生活中的压力，反而有助于他的学习与成长。

2.教孩子用"平常心"对待成功与失败

在学校的生活中，影响孩子最多的事情就是他的成绩的好与坏。有些孩子在取得成绩之后就会得意忘形，有些孩子成绩下降就会情绪低落，这些情绪都会影响孩子的生活与接下来的学习状态。因此，家长要让孩子学会用"平常心"对待自己的得与失，孩子才能更加快乐地成长。

首先，要教孩子面对荣誉与成绩不自满、不骄傲。有很多家长认为取得成绩就应该表扬、夸赞孩子。但是，家长在夸赞孩子的同时也要让他懂得不骄傲的道理。如果孩子不懂得用"平常心"看待这次进步，那么他就会在沾沾自喜时忘记了努力学习，最后被他人超越。因此，家长要让孩子在取得一些成绩之后，虚心接受这次进步，并且在享受成功喜悦的同时，找到自己继续努力的方向，使自己向更高、更远的方向发展。

其次，让孩子懂得失败不气馁的道理。有很多孩子会在失败之后一蹶不振，不仅很消极地对待这次失败，还会把这种情绪带到其他事情上，影响自己的生活与学业。家长要让孩子懂得，既然他失败了，就说明他还存在某些问题，当务之急是如何改掉这些问题，而不是因为失败了就消极对待人生。

无论是成功还是失败，都会影响孩子的情绪，如果孩子能用"平常心"去对待自己的得与失，就会很容易使自己得到满足，自己的生活就能更加开心、快乐。

第3章

把握高中孩子的
心理健康和性格特点

帮孩子减压，是家长的必做功课

周末的上午，爸爸妈妈在家里或看书，或打扫卫生，都在忙碌着，而高中生王萌萌却在书桌前发着愣，看着桌子上的作业题，明明是应该尽快做完它们的，但王萌萌怎么也静不下心来，一看到作业就觉得压力很大，不想写，也不想再继续学习。

"读题、读题！这是一道几何题，该怎么解呢？哎呀真烦，干脆不做了。"王萌萌真想甩手不干了，可她也仅仅是嘴上说说罢了，过了没一会儿，她又埋头读起题来。不过她也只是反反复复读这一道题而已，根本静不下心来认真地思考。

她想发火，却又找不到发火的理由。看着眼前的题，明明是老师刚讲过的，公式、计算方法还历历在目，可她就是答不出来，心情不由得更加阴沉了。

咯吱咯吱……咯吱咯吱……她找不到发泄的地方，只好咬起了铅笔头，那股卖力劲真像是在咬自己的大仇人。

"萌萌，你在做什么？快吃午饭了，你作业还没做好吗？"咬得正起劲的时候，妈妈敲门走了进来，王萌萌赶紧把铅笔藏在身后，换上一副笑脸对妈妈说道："快做完了，我马上就去洗手吃饭。"

说着，就把铅笔盖在作业本下面，迅速地跑了出去。妈妈觉得女儿的行为有些奇怪，就偷偷来到她的书桌前，稍稍翻了两下，就发现了那支被咬坏的铅笔。

"妈妈你怎么乱翻我东西？"王萌萌回房拿东西，正好看到妈妈拿着坏铅笔发呆，心里一惊，赶紧跑过去收拾自己的书桌。

"妈妈没乱翻，就是帮你整理一下桌子。对了，这铅笔怎么咬成这样了，对身体不好的。"妈妈关心地问。

"没什么……"王萌萌歪歪头，回答道。

"学习遇到什么困难了吗？你要真遇到问题，想用这个方法来缓解压力，

妈妈建议你可以用狗咬胶，汪汪，使劲咬都没关系！"妈妈开玩笑地说道。

"哈哈……"王萌萌被逗得哈哈大笑起来，顿时觉得心情畅快了很多，她手抚着桌子，低着头小声说道："其实也不是什么大问题，就是最近总觉得特别压抑，好像快要喘不过气来了，做什么事都静不下心。"

"妈妈也经常有这种时候，这是正常现象，不过咬铅笔，可就不正常了，以后再有这种时候，可以找妈妈来谈谈心，实在不行，咱们真去买点狗咬胶，你一块，我一块，对着咬！"妈妈又把王萌萌逗乐了，之前的压抑情绪一扫而光，她上前抱住妈妈，深情地说道："妈妈，谢谢你的理解，我还以为你会骂我一顿呢。"

压抑心理源于个体自身的气质性格，也经常会受到外部环境的影响。比如，外向性格的人遇事往往用情感将它表现出来；内向性格的人则常常把感情压抑在内心，其中消极的情感会转化为压力，常让人感觉生活十分压抑。尤其是正在读高中的孩子，学习、生活上的压力更大，在这种时候，他们可能出现以下几种怪异的表现：哭泣、睡觉不安稳、疾病反复、有攻击性行为、过度忧虑、说谎和欺骗、情绪压抑。

高中孩子的任务无外乎学习，若能取得理想的成绩，内心即有成就感；若长期超负荷地学习，不堪重负，那么就可能感到痛苦与压抑。如有的孩子面对繁重的学习负担、成绩下降，就会感到压抑消沉。而如何帮助高中孩子减压，就成了家长的重中之重，既不能一味放纵，也不能过分呵斥，让孩子的压力无法发泄出来，使孩子更感压抑。以下方法供家长借鉴。

1.为孩子创造轻松愉快的生活环境

有的家庭生活气氛比较紧张，平时父母对孩子的态度也较严肃，虽然为孩子提供了成长所需的各种条件，但高中孩子在这样的环境下还是会经常感到紧张和压抑。相反，生活在宽松、愉快的环境，能使孩子随时能够自由、放松地表达自己的喜怒哀乐。所以，家长应该为高中孩子创造一个轻松愉快的生活环境，积极帮助孩子解决生活及学习上的困难，让孩子不再为生活和学习而苦恼发愁，这样一来，他们的心理压力自然就会减少很多，家长也会感到轻松不少。

2.帮助高中孩子看到自己的长处，减少压力

在家长的眼里，自己的孩子总是最好、最棒的，但大多数中国父母不会在孩子

面前表扬他们，而是认为责骂会让他们更加努力，同时，他们也担心过多的夸奖会让自己的孩子骄傲自满，更不利于成长。在这种心理下，家长的眼中看到的常常是孩子的缺点和不足，嘴里说的也是"这点做得不好""那里做得不够"等，让孩子产生一种"我什么都不行，那就这么凑合着算了"的想法，久而久之，就会让孩子也开始怀疑自己的能力，随之而来的就是称之为"压力"的东西。

这种时候，家长需要做的不是如何"鞭策"孩子，而是要让孩子看到自己的长处，尽可能地减少来自家庭和学习上的压力。其实，对高中孩子来说，细微的进步和巨大的进步是同义词，孩子进步与否不能以成绩高低来论，更要看他在其他方面的变化。这时，家长就要用放大镜来观察孩子的优点了，只要有一点点的进步和提高，家长就要及时给予表扬和鼓励，适当的时候还可以给孩子小礼物、满足他的一个要求等作为奖励。只要家长将平时关注的角度变化一下，不忽略孩子的优点，帮助孩子看到自己的强项，就能极大地鼓励孩子，帮助他达到减压的目的。

可以不喜欢老师，但必须听老师的话

王硕今年刚读高一，教他数学的老师特别严肃。这个老师上课的时候，什么话也不说，上来就讲，课堂气氛很不活跃，而且也从不会在课下和同学开玩笑。

同学们都不大喜欢这个老师，尤其是王硕，他一看到数学老师，就不想听课。这个老师阅卷特别仔细，无论多小的错误都会指出来，搞得王硕的试卷上都是红叉，这让王硕觉得这个老师更讨厌了，而他也就更不愿学数学了。

"一个单位忘写了，他都给标出来，他是不是对我有意见啊？"王硕气愤地指着刚发下来的数学试卷说。

"不光是你，我这卷子简直就是'满堂彩'啊，看看！"另一个同学抱怨地在王硕面前晃了晃他的试卷。

"怎么会有这么讨人厌的老师，以后再也不学数学了！"王硕使劲地把卷子往桌上一摔。

之后，王硕的数学成绩一次不如一次。

故事中的王硕因为不喜欢数学老师，连他教的数学也一并讨厌起来，以至于发出"以后再也不学数学了"的感叹，这种做法最直接的影响就是孩子的成绩变差。不学这门课程，那么这科的成绩必然会受到影响，这样的话，很容易导致偏科，甚至以后考大学都会受到影响。为什么高中生会出现讨厌老师就不想学他的课程的这种情况呢？

这是因为，在学校里，高中生接触最多的除了同学，就是老师。但有时候，因为高中生特有的心理特点，总有一些老师会让高中孩子看着不顺眼，一看见老师就觉得心里不舒服。比如，有些高中生认为：

"英语老师怎么整天板着个脸啊，让人看了真难受，下节英语课不想上了。"

"我也不想上了，他老说我上课不认真听课，给我挑一大堆错。"

高中孩子在学校里经常会有这样的想法，不喜欢某个老师，他教的课也不想上，可最后吃苦果的却是高中孩子。那么，是什么原因导致高中孩子不喜欢老师的呢？

一部分原因是有些高中生"恨屋及乌"。这是一种不合理的，甚至有些盲目性的情感迁移。因为讨厌这个老师，感觉老师处处针对自己，所以不喜欢学习这门课程。这时的高中生就会产生一种报复心理，而不学这个老师的课便成了很多同学的一种报复手段。

有些高中生则是认为学习是给老师学的，有这种想法的孩子，如果老师对他好，他学习起来就会十分用功，格外听老师的话。一旦因犯错受到老师的批评后，他就会觉得"老师不喜欢我"了，甚至在老师批评其他同学时，感觉那些话其实是在批评自己，学习的劲头也大不如前。

当然，高中孩子的这种做法是不对的，那么，当家长发现高中孩子不喜欢任课老师而讨厌学习时该怎么办呢？

1.劝解孩子，让孩子理智地将老师和学习分开

星期一的早上，儿子缩在被子里不出来，看看表，已经快八点了，妈妈在房门外都喊了好几回了，可他就是不想起床去上学。

"儿子，再不出来上学真的要迟到了。"妈妈又在门外敲了一次门，

但儿子却把头往被子里一蒙，闷声说道："妈妈，我今天不舒服，你帮我请假吧。"

"不舒服？快开开门，是不是感冒了，严重吗？"一听他这话，门外的妈妈急了，二话不说，用力打开了房门，走到床边就掀开他的被子去摸他的额头。

"没发烧啊，哪不舒服，告诉妈妈，应该不耽误上课吧。"妈妈说道。

"我没生病……"儿子突然坐了起来，低着头说道："就是不想去学校，我们英语老师烦死了，天天问一大堆问题，就知道训人。"

妈妈一听，原来是对老师有了反抗情绪，这可不是个好现象，她得了解一下具体情况再做打算。

"这样啊，那好吧，既然你觉得不舒服，就在家里休息一天吧，不过明天一定要准时去上课，明白了吗？"妈妈心里有了主意，既然儿子不想去学校，就顺他一回意，让他在家里冷静冷静，而她自己，则去学校了解一下情况，看看儿子口中的英语老师到底是个什么样的人，再想办法劝儿子回心转意。

妈妈花了半天的时间，通过在儿子学校打听和亲自与那位老师接触，妈妈发现，英语老师是个好老师，但确实有点不讨人喜欢，不管是对大人还是孩子，这位老师都是有什么说什么，总是直接地表达自己心中的喜好。

但也是因为他无意间的这种"中伤"，很多学生因为对他的不服气而激起了自己学习英语的斗志，儿子学校的英语成绩普遍比其他学校高。

于是，妈妈就把自己的想法告诉了儿子，并对儿子说："你这样做，其实是在惩罚自己，你要学着把老师和学习分开来看才行。"

在遇到自己不喜欢的任课老师时，家长要教高中孩子在心里这样暗示自己：我是来学习的，我虽然不喜欢老师，但我却不讨厌学习新知识，所以，我应该以知识为重。有了这样的想法以后，孩子就会发现这门课程并没有想象中那么糟，也会渐渐把学习和老师分开来看了。在孩子遇到自己不喜欢的老师而影响课程学习时，家长应教导孩子，让他及时摆正心态，分清事情的主次，不至于让讨厌老师的心态影响到学习，让家长头疼，让自己"受伤"。

2.问清不满原因，教孩子与老师主动沟通

高中孩子对教师产生不满情绪是很正常的事情，但当孩子对老师产生不满时，家长要用正确的态度对孩子加以正确的引导。毕竟家庭、学校各有所长，老师也是人，不是圣贤，都会有不尽如人意的地方。作为家长应及时让高中孩子明白，去学校的目的是为了学习，而不是为了挑老师或学校的毛病。在和孩子的交流中，家长既要维护老师的权威，也要听孩子讲出对老师不满的原因，在弄清事实真相之前，不能一看孩子对老师不满，就简单粗暴地批评孩子或批评老师。这样不但不能解决问题，反而会增加孩子与老师的对立情绪。

家长要让孩子明白，老师是很辛苦的，在繁忙的工作中，即使出现一些差错，也是可以谅解的。家长要教孩子学会宽容。在和孩子交流并安抚他后，家长应及时和老师联系，进行面对面的交流和沟通，既可了解孩子在学校的表现，也可向老师反映孩子的一些想法，以增加老师对孩子的了解，改善孩子和老师的关系。当然，家长也应该鼓励孩子主动与老师进行沟通交流。如果老师的某些习惯影响了孩子正常的听课，从而引起了孩子的不满，这时家长就可以引导孩子主动找时间和老师沟通一下，如果觉得当面说不方便，也可以在交作业的时候，写张纸条夹在作业本里。比如，老师讲课时语速太快，同学都跟不上；有的老师板书比较潦草，孩子看不清。这些情况家长都可以告诉孩子，要主动跟老师说，相信老师下次讲课的时候，一定会注意改正的。

怎样戒掉孩子的网瘾

最近爸爸为家里添置了一台电脑，方便升入高中的儿子查一些学习资料。没想到儿子刘峰在同学的影响下，网瘾越来越大，不仅迷上了网络游戏，还经常一个人宅在屋里，自己一个人在房间里上网玩游戏，变得一天比一天冷漠、封闭。

"又在上网玩游戏，快给我关了！不能出门玩会儿啊！"爸爸很生气，大声地吼道。

刘峰打游戏正打得聚精会神，哪里有空理爸爸，没抬头。

"你这小子，越来越不听话了！"爸爸是个暴脾气，说完就把网线拔了。

"你干吗！我的经验都没啦！烦人！"刘峰眼看着自己辛辛苦苦几个月的战果眨眼就没了，"哐当"一声摔了鼠标。

"你这小子，还跟我横！"爸爸扬起手，给了儿子一巴掌，"看书去！"

刘峰捂着疼痛的脸，夺门而出，发誓再也不回家了。他找了一间网吧，疯狂地玩起了游戏，一玩就是一个星期。

爸妈急坏了，饭也吃不下，找了儿子好多天，最后终于在网吧找到了刘峰，爸爸又是对儿子一顿暴打。

此后，刘峰不敢在爸爸眼皮底下玩游戏了，于是就开始逃课，或者利用爸爸不在家的时候玩，渐渐地学习成绩下滑了，人也变得消沉了。

随着互联网的普及，很多孩子都学会了上网，网络与网络游戏也成了他们生活的一部分。如果在学习之余合理上网玩游戏，那倒没什么大碍，但是很多孩子自控力差，染上了游戏瘾，父母为此苦恼不已。不少青少年沉迷网络、毁掉大好前程，甚至导致家庭悲剧的案例屡见报端，更让父母忧心忡忡。对此，很多父母抱着"恨铁不成钢"的心态呵斥、谩骂孩子，甚至对孩子动粗。其实，孩子玩游戏成瘾，错不只在孩子，这与父母的管教方式也是有很大关系的。不合理的教育方式，不仅无法让孩子戒掉游戏瘾，也伤害了亲子关系。

就像故事中的刘峰一样，他沉迷于游戏，让爸爸很苦恼。爸爸为了帮儿子戒掉网瘾，不惜责骂、动粗，各种方式都用上了，却最终逼得儿子离家出走。可怜天下父母心，其实，只是爸爸用错了管教方式。如果爸爸能够正确对待刘峰，将儿子从游戏的黑网里救出来是不难的。

如今，面对越来越大的升学压力，学校和父母都很重视孩子的学习成绩，因此，孩子的学习压力越来越大，课业负担也日益繁重。游戏作为一种娱乐和放松的方式，可以帮助孩子缓解压力，消除烦恼，对孩子的吸引力很大。

但是，有很多游戏充斥着血腥和暴力，内容是不健康的，而且孩子一旦沉迷于网络游戏，势必影响学习。所以，父母应积极参与到孩子的网络规划中去，监

控和引导孩子健康地遨游网络，戒除网瘾。父母可以与孩子沟通和协商，合理安排玩电脑游戏的时间，同时可以采取某些措施如定闹钟、加密和安装相关软件来配合监管。

1.避免将电脑放置在孩子的房间，帮孩子建立自信心

不把电脑放置在孩子的房间，能很大程度地减少高中孩子使用电脑的时间。当孩子养成了合理上网的好习惯，就不会沉迷于游戏而不能自拔了。很多上网成瘾的高中生反映，他们之所以陷进去无法自拔，是因为学习很无聊，成绩也不好，而从游戏一关一关的挑战中，自己的能力能够被发现和肯定，他们不仅获得了自信和成就感，还交到了很多网友。因而，这就启发父母在生活中要多鼓励和肯定孩子，帮助孩子建立自信心。

因此，在学习上，父母可以先提出一些低的要求，然后不断地鼓励孩子，让孩子在一点一滴的进步中收获自信。同时，父母也可以帮助孩子培养一些兴趣爱好，以转移孩子痴迷游戏的注意力。比如鼓励孩子多读书、和同伴一起玩耍、打打篮球等，这样孩子在现实生活中找到了快乐，交到了朋友，就不会沉迷于虚拟网络游戏了。

2.父母不能抱有急功近利的心态

在帮助孩子戒除网瘾的过程中，父母要摆正自己的心态，因为高中孩子虽然有了一定的自制力，但毕竟还是孩子，在戒掉游戏瘾的过程中，难免会出现反复的情况，因此父母要做好打长期战的准备，耐心地监督、教育和帮助孩子。

刘峰玩网络游戏上瘾了，最近常常夜不归宿，爸爸妈妈天天各个网吧地找，为此担惊受怕的，各种教育方法都用尽了，也不见效果。爸爸妈妈经过认真思考后，决定认真同儿子谈一次。

"刘峰，你玩电脑游戏多长时间了？"爸爸问。

"一年了。"刘峰看爸爸没有骂他就小心地回答道。

爸爸接着问儿子："你有没有战胜所有游戏对手？"

他回答："没有。"

爸爸接着说："知道为什么你不能战胜吗？儿子，因为你不知道游戏幕后的背景。"于是爸爸给刘峰讲了游戏的来历，介绍了高校里有专门的电脑游戏设计课程，然后说："为什么会有那么多人玩游戏？因为游戏有

一定的趣味性，但你还太小，往往控制不住自己，所以会沉迷其中。"

这时，刘峰恍然大悟，他感觉自己正在浪费时间做着一件愚蠢的事，于是跟爸爸说："爸爸，我想戒网瘾。"

大喜过望的爸爸随即关了电脑，带儿子回了家。此后，爸爸特地在家装了电脑，严格为刘峰安排了上网的时间，定点提醒他注意让眼睛休息。刘峰没有食言，他彻底告别了游戏。

网络是一把双刃剑，它可以带给孩子欢乐，也可以将孩子拉入虚无的深渊。如果高中孩子不幸染上了网瘾，父母也莫须惊慌。如果父母能够做到不怕反复、持之以恒、耐心监督和教育、坚持鼓励和表扬，帮助孩子脱离网络的苦海其实并不是一件难事。

关注孩子此阶段的人际交往特点

刘向天是一名高中男生，他为人豪爽，很讲义气，最喜欢看武侠小说，对书中行侠仗义的主角十分崇拜，总想当一回为兄弟两肋插刀的大侠。

有一天，他正在大街上闲逛，突然有人拍了拍他的肩头。回头一看，原来是不久前结识的社会青年山哥。

两个人已经快一个月没见面了，刚认识的时候是不打不相识，当时就拜了把兄弟，这次重逢，刘向天感觉很开心，便亲切地和对方聊起了天。

山哥说："咱们是好哥们，我不久前发了点儿小财，不能忘记哥们你啊，今天我是特地来请你'撮'一顿的。"

刘向天上个月刚刚过了18周岁，两个人便叫了几瓶啤酒喝了起来，刚喝一半，就听山哥说："我最近要出远门做些生意，有些贵重物品哥们能不能帮我存放一下？"

"没问题，有我看着，你只管放心。"刘向天马上答应了下来。

但山哥接着又说："只是你不要对别人说，以免出麻烦，我的东西挺

贵重的。"

刘向天一听对方这么看得起自己，把这么贵重的东西放在自己这，心里很感动，马上答应了下来。

第二天，山哥就来到了刘向天家，但手里并没有拿任何东西。

"东西呢？"刘向天问。

山哥笑着说："白天搬目标太大，不安全，最好在晚上天黑以后搬。"

刘向天想想也是，就在晚上等着山哥来。

当晚，山哥开着一辆大卡车来到了刘向天家门口，刘向天一看，车上又是电视机、又是录像机，还有很多其他的数码产品，一看就知道价格不菲。

他想问这些东西是干吗用的，但一想山哥是做生意的，可能就是卖这些数码产品的吧，既然是朋友的事，就不必管得太多，否则不仗义。

临走前，山哥给了刘向天一叠现金，说："这钱就当是仓库费了，等哥们发了财，肯定忘不了你。"

刘向天心想，这山哥真够义气的，用下房子还给钱，心里更美了。

刘向天家离市区比较偏远，附近又只有他们一家人，所以这么大的动静，也没吵到周围的居民。从此以后，山哥就经常往刘向天家拉运东西，有时候拉走一些东西，有时候新添一些东西。

虽然刘向天渐渐对山哥有了怀疑，但他总是以哥们必须要讲义气为理由，把自己的怀疑压了下去。

直到有一天，山哥告诉他要去外地出差一趟。

而他走了没两天，两名公安找到了刘向天，告诉他山哥是一名偷盗惯犯，并收缴了山哥放在刘向天家的赃物。

公安人员问刘向天山哥在哪，但刘向天觉得既然是哥们，就不能出卖对方，就是不把山哥的行踪告诉公安人员，最终被带到了派出所，在接受了宽大处理后，才放回了家。

中国人向来都把义看得很重，而现在的高中生在和人交往的时候也喜欢互相称兄道弟，醉心于哥们义气式的友谊，喜欢像武侠小说中描写的那样，认一个结拜兄弟，他们认为只有这样的关系才是真正的朋友。那么，什么是义气呢？

义气，就是所谓的刚正之气、正义之气，是人与人之间的一种道德关系。比如《水浒传》里的一百单八将，为了匡扶正义而劫富济贫，何等的哥们义气。但是现在，很多高中孩子渐渐曲解了义气的真正含义，崇尚哥们义气，经常为了朋友而两肋插刀——你帮我教训了一个"冤家对头"，我也替你给"仇人"放放血。

崇拜哥们义气是高中孩子人际交往中最大的特点，但这种交往方式却是孩子盲目无知的表现，是一种非常不理智的行为，有时候不仅不能让孩子结交到真正的朋友，还会使他们陷入困境之中。就像故事中的刘向天一样，就算山哥是一名惯犯，刘向天也一味地坚信"既然是哥们，就不能出卖对方"。这样的想法不仅增加了警方办案的难度，也让他自己进了派出所，接受处理。

那么，高中孩子在和人相处的时候，要不要讲义气呢？答案是肯定的。义气，是人与人之间的一种道德关系，是良好的。但哥们义气却要不得。高中孩子的家长应引导孩子拒绝哥们义气，少和社会上的不良青年接触，并时刻反思自己的行为，明白哪些是真正的友谊，哪些是没有原则性可言的哥们义气，切莫让孩子为了"义气"而迷失方向，做出害人、害己的事情。

1.高中孩子交友应以诚为贵

以诚待人是中华民族的优良传统，是每个人都应具有优秀品格。高中孩子在进入青春期后，交际面会逐渐变广，认识的人越来越多，但父母应告诉孩子，只有真诚待人，做事讲诚信，才能换来真挚的友谊，让孩子在交际路上一路畅通。

要知道，诚实、真诚是高中孩子应具备的优良品质，也是做人的基本准则。而且，以诚待人能让人和人之间产生最基本的信任，如果人与人之间失去了这种信任，那么不仅双方的友好关系将会难以维持，孩子的交际圈子也会变得越来越狭小，最终会让孩子在社会生活中产生束缚感和孤立感，成功也就会离他们越来越远。由此可见，家长应让孩子在进入高中后养成以诚待人的优秀品质，在交友时，一定要诚实，用真诚的态度来对待对方，这样才能让孩子收获友谊。

2.让高中孩子学会宽容

我们常说："忍一时风平浪静，退一步海阔天空。"其实讲的就是待人要宽容，不要什么事都计较得失。但是高中孩子冲动、易怒，很多时候就像个小鞭炮，一点就炸，一点也不会宽容他人。其实，每个人这一生，都应该做到三个宽容。

其一，要宽容自己的缺点，因为人无完人，你并不是想象中的那么完美无缺。其二，要宽容自己的朋友，毕竟有的时候，伤你最深的，是你最亲密的朋

友。其三，要宽容你的敌人，敌人能让你充满斗志，努力上进，所以，不管他做出了什么事，你都要学会宽容他。

父母应把这三点告诉高中阶段的孩子，引导孩子做到以上三个宽容，这样才能让孩子在交友的道路上越走越宽，成长为一个优秀的人。

其实，说到底，真正的宽容，其实就是开阔的心胸。日常生活中，父母要告诉孩子，不要总抓着对方的一丁点错误斤斤计较，要大方地看待并接纳别人的错误，学会原谅对方。

允许孩子从容地与异性交往

"爸爸，也许你会很意外，也会有些生气，但我不得不告诉你一个消息，我应该是喜欢上了一个人，但我不确定是不是真的，也不确定他是不是和我一样，我很苦闷，这样很影响我的心情。"

看着正在读高中的女儿王兰偷偷放在自己公文包里的这样一封"信"，爸爸却不是生气，而是惊讶甚至带点惊喜，当然，这件事也在自己意料之中。

看着出落得亭亭玉立的女儿，心思细腻的父亲开始留意女儿的穿着、神情，几次加班后偶遇放学稍稍晚归的女儿，作为一个过来人，父亲隐隐感觉到了女儿"长大"的迹象。不过他很清楚，不能凭自己的感觉贸然戳破女儿的心事。于是他开始给女儿推荐一些青春期适合看的电影，像泰国的《初恋这件小事》和美国的《辣妈辣妹》等，还有一些心理学书籍，平时有时间也和女儿一起看看，交流下心得、想法，自己也不刻意回避情感方面的话题，对女儿的学习生活也更加关注了起来。

女儿也感觉到了爸爸的变化，这让她之前的紧张心理消除了一大半。班上新转来的男生和自己做了同桌，两个人由于对音乐的热爱很快熟识起来。最近王兰也感觉到自己的心中似乎渐渐起了些涟漪，几次和同桌聊天走得慢了点以至于在门口碰见爸爸，这些都让她担心不已。这种焦虑的情绪让王兰的成绩出现了一些起伏。高中的学习生活是紧迫的，王兰深知自己的责任，也怕影响自己的成绩。

几经思想斗争，王兰终于鼓起勇气向爸爸倾诉内心，爸爸的态度也让她很欣慰他对自己的理解与关爱。爸爸帮她认真分析了现状后，让她认真思考几个问题，"第一，你觉得他身上什么东西吸引你？第二，你觉得你喜欢和他在一起吗？你开心吗？第三，如果有别人也一样喜欢音乐，你也会有这种喜欢和他在一起的感觉吗？"

沉思很久之后，王兰也确定了自己和同桌是志同道合的朋友，充其量只是有好感而已。疑虑消除了，王兰能安心学习了，成绩也慢慢回升，而且每次见到同桌时，再也没有了从前的顾虑，友情也更纯真了。

在中国，"爱情"这样的词汇是高中生眼中一个神秘而好奇的存在。很多家长和老师借着"早恋"的旗号把爱情描绘成洪水猛兽，是不可越半步的雷池，否则将会有严重的后果。然而好奇是人的天性，越是禁止，越是好奇。而生理、心理的不成熟，也导致有的高中生在爱的路上走偏。

其实，与其等孩子自己盲目探索，家长还不如与孩子一起分享各自关于爱的见地，让高中生能从容地与异性正常交往。如果高中孩子询问家长或者开始思考"爱情"这个课题的时候，那就说明现在的他已经不是过去那个幼稚的小孩子了。他开始进入了由儿童向成年人过渡的关键时期。这一时期生理心理发生巨大变化的他们开始萌生一种性心理，与异性的交往增多，对异性出现好感。有时这种好感会进一步发展，演变成家长们所说的"早恋"。

其实孩子出现这种心理变化是很正常的，家长们首先不要恐慌，担心孩子从此"误入歧途"，其次应该采取正确恰当的措施，以一个"过来人"的前辈身份，为孩子答疑解惑、梳理青春期的各种迷乱心情，帮助孩子顺利过渡到成年人的行列。

1.注意观察高中孩子的变化，了解孩子内心的情感趋势

歌德说："哪个少年不钟情？哪个少女不怀春？"可见进入青春期的高中生不管是出于爱美之心，还是出于对异性的关注目光的期望，都明显开始注重自己的外表打扮。对于孩子这一表现，家长也不应该防盗似的草木皆兵，可适时留意下孩子最近是否与某一个或某一些异性朋友走得比较近，当然这完全是出于友善和关心，

不能私探孩子隐私甚至跟踪监视孩子。必要时也可以和孩子交流谈心，孩子总喜欢和父母聊天时说些学校里或者朋友间的小事、开心事，从他有心无心的言语间，或许稍加细心就可以发现。或者家长也可以偶尔用朋友间开玩笑的亲昵语气，问问孩子有没有比较要好的异性朋友，孩子也许就把你从高高在上的家长拉入亲密无间的"朋友"名单了。这样即使以后有什么问题也可以更好地沟通。

2.不要让"爱情"成为家庭话题的禁区

由于传统思想的影响和社会总体的保守，家长在孩子面前对于"爱情"一类的字眼总有种难于启齿的羞涩，甚至觉得跟孩子谈论如此敏感且成人化的话题会"教坏"孩子。出于各种心理，爱的教育在青春期的高中生最需要的时候出现了空白，导致他们面对爱情既无知又好奇，对爱情既向往又害怕，在不经意间遇到某种"特殊"的感觉时慌乱，对孩子的生理和心理健康造成不良影响。

因此，面对这种情况，家长首先不要刻意回避。爱情是一种正常的人类情感，尤其对于青春期的高中生来说，这一时期正是这种重要情感形成的重要时期。如果这一时期的教育不正确，很有可能影响孩子的爱情观、人生观、婚姻观，对孩子以后的生活很不利。家长可以和孩子一起观看对青春期孩子心理变化尤其是关于爱情的分析的书籍、电影等，并和孩子分享观后感，也可以和孩子分享自己的经验，让孩子知道这是一种正常的情感，不用恐慌，不用回避，积极对待、认真处理就好。

当然，教孩子认识爱情和教孩子谈恋爱完全是两回事，家长也不用担心孩子一定会因此实践恋爱。只要认识了爱情，理解了它存在的原因和意义，孩子们也会多一些理性，毕竟他们同时增长的还有年龄阅历和智力。

给孩子的自信不可少

高中生小坤从小在爷爷奶奶身边长大，受到他们无微不至的照顾。因为这样，小坤升入高中时，连被子都不会叠，还有生活中的很多小事，他都完全不会处理，而且他的性格比较内向。

有一次，家里来了客人，爸爸让小坤帮忙给客人倒杯水，结果小坤不小心将杯子摔碎了。于是，爸爸很生气，当着客人的面狠狠地批评了小坤，不仅说他"笨"，还斥责道："赶快回你房间待着吧，以后再这样，就别怪我打你！"

受到爸爸批评的小坤羞愧极了，他回到自己房间后就躲在被子里偷偷哭泣。那天以后，小坤每次和爸爸单独相处都很紧张，越紧张就越容易出错，受批评的次数就越多。不仅在家里，在学校小坤也很不合群，几乎没有一个朋友，总是孤单单的一个人行走在高中校园中，这让他经常感觉孤单无助。

最近，小坤竟然对爸爸产生了恐惧感，不敢接近他，有时甚至会做噩梦。这时，小坤的爸爸妈妈才意识到事情的严重性，并决定赶快想办法重树孩子的自信心，不再用批评声包围他。

专家研究发现，在普通的家庭里，一个孩子平均受到十次批评，才会得到一次夸奖和鼓励，这种现象正是孩子缺乏自信的重要原因之一。而许多家长在教育孩子的过程中，还经常当众批评孩子，并认为只有在众人面前批评，孩子才能"长记性"，之后才能更好地改正错误或在众人的监督下不断进步。

然而，事实并非如此。俗话说"数子十过不如奖子一功"，就是说孩子只有经常得到肯定和表扬，才会更加自信地面对一切。家长当众批评孩子，只会加倍损害他的自尊心，打击其自信心，甚至让他在别人面前抬不起头，或时常生活在羞愧、恐惧之中。尤其是对于高中生来说，当众受批评的打击力度更大。高中生在某种程度上可以说已经是半个大人了，他们的生活方式和人际交往基本和成人一样，都有属于自己的交际圈。如果家长当众批评孩子，会让孩子在这个交际圈中无法"抬头做人"，会让孩子变得不自信，远离人群，孤单无助。

因此，当孩子升入高中后，家长更要注意孩子的心理变化，不要当众让他难堪，更不能总是批评打骂孩子，要培养孩子自信的性格，这样才能让他赢得更多的朋友和关注，才能收获高质量的生活体验。

那么，除了当众批评教育孩子，还有什么方法能让高中生变得自信起来呢？

1. 每天找个真实的理由夸孩子外，肯定他点点滴滴的进步

培养有自信的高中生，家长应注意从正面引导，要及时肯定他每一个微小的进步，还要利用一两个月的时间，每天找一个真实的理由夸孩子，比如"今天的作业比前几天写得都工整""今天表现得很好，能主动帮爸妈做家务了"等。

其实，在成长的过程中，孩子每天都在变化，而家长要做的，就是善于观察、发现他身上那些积极的变化，并及时给予表扬和鼓励。这样不仅能增强孩子的自信心，还能让他更加清楚地认识自己，并在今后的学习和生活中进一步完善自己。

当然，家长对孩子的夸奖、表扬要实事求是，不能夸大其词，也不能肆意护短，否则会让孩子变得虚伪、骄傲自大。

2.从孩子的角度观察、决定事情，让孩子感到被尊重

孩子的任何一个举动，都可能是他主动探索未知世界的行为，家长不应站在自己的立场上要求孩子，而是应该经常从孩子的角度出发去支持、鼓励并帮助他，让他感觉到自己是受尊重的。当然，孩子都有各自的缺点，也常常会犯各种各样的错误。这时，家长可以通过善意的批评来指出孩子的过失与不足，并指导他不断改进，但绝不能不问青红皂白便严厉斥责孩子。

因为，对家长而言，孩子并不是自己的"私产"，而是一个独立的个体，尤其是成长为高中生的孩子，他更需要获得别人的尊重与认可，更需要家长在身边时刻支持他、鼓励他，而不是动不动就批评、责罚他。很多时候，家长过多的批评教育非但不能让孩子"长记性"，反而会让他失去自信，甚至开始从心理上惧怕或厌恶家长，认为家长不疼爱他。

3.孩子犯错，给他一个申诉的机会

任何时候，孩子做错了事，家长都应先冷静下来，观察周围的环境，如果有外人在场，就不该立即指责孩子，而应将其带到无人处再批评教育。这是因为，高中孩子的心理发育还不完全成熟，对待许多事情的态度会与家长不同。这种情况下，孩子做事往往都有自己的原因，这些原因在家长看来可能微不足道，但对孩子而言或许是非常重要的。所以，家长应在孩子犯错后，第一时间弄清楚事情的原委，给孩子一个申诉的机会。

但是，有些父母的"家长作风"比较严重，在孩子面前往往要表现出绝对的权威，不允许孩子反驳他的话、反对他的意见。而当孩子犯错或没有办好某些事情时，这种"家长作风"就会有更明显的体现，如父母的批评不符合事实，孩子想做出解释时，他们可能会更严厉地斥责孩子，说他是在狡辩或顶撞家长。事实上，如果家长不给孩子一个申诉、解释的机会，那么孩子表面上可能会虚假地接受批评，其实心里却觉得十分委屈，长此以往，亲子关系会变得越来越疏远，孩子的自信心也会受到严重打击。

第4章

指导高中孩子学会独立生活

劳逸结合，和孩子制订合理的作息时间

早上，王鹏是被三个闹铃叫起来的，昨天晚上玩电脑玩到半夜才睡，今天他有点不想起床了。可是今天是周一，他必须得去学校上课，这让他不得不从床上爬了起来，顶着两只黑眼圈洗脸刷牙。

"昨天晚上又熬夜了？妈妈告诉过你多少次了，不能总是熬夜，对身体不好，如果你再不听话，妈妈准备把你的网线掐断，以后别想着半夜上网了。"妈妈一见他这憔悴样心里就来气。

王鹏不以为意，这话妈妈都说过很多遍了，而且他也知道熬夜对身体不好，但总忍不住想多玩一会儿，到现在也没有感觉身体哪里不舒服，只是白天比较没有精神罢了。

"我知道了，妈妈，以后我会注意的。"他打着哈欠从洗手间走了出来，吃完早餐背起书包就出了门。

但是走在上学的路上，王鹏总觉得今天地面有点晃，眼前的东西也比较模糊，走着走着，扑通一声摔在了地上。

"王鹏，你怎么了？"幸好他的同班同学看到了他，吓得赶紧打120，把他送进了医院。

医生诊视后说道："没大碍，只是睡眠不足，让他好好地睡上一觉就行了。"

就这样，王鹏躺在医院的病床上，一直睡了一天一夜，才精神饱满地醒了过来。

"你啊，以后坚决不能再熬夜了。"爸爸妈妈严重警告道。

王鹏这才害怕了起来，体会到了熬夜的坏处，在以后的日子里，不管有什么好玩、好看的，他都会准时在十点以前上床睡觉。

我们常说：早睡早起身体好。据美国的一项最新研究发现，十几岁的高中生如果经常熬夜，会增加患抑郁症的风险，严重时，还会让孩子产生自杀的念头。研究发现，与早睡早起的孩子相比，那些经常熬夜的孩子患抑郁症的风险要高25%左右。而且，睡眠不足还会影响高中生的注意力和学习能力，引起头晕、耳鸣、手抖、动作不准确等症状，若是长期睡眠不足，还会导致血脂和胆固醇增高，助长动脉硬化。

但是高中生总觉得自己已经长大成人，应该像成人那样有独立的生活，包括一些"夜生活"，比如，上网、看电影、聚会等。但是，高中生却不知道，熬夜会对身体造成多种损害，如经常疲劳、免疫力下降等。根据免疫学的研究，晚上11时到凌晨3时应该是美容时间，也就是人体的气血运行到胆、肝的时段。这两个器官如果没有获得充分的休息，就会表现在皮肤上，容易出现粗糙、脸色偏黄、黑斑、青春痘等问题。对于不习惯早睡的人来说，最迟也要在凌晨1时的养肝时间进入熟睡期。而且，长期熬夜会慢慢地出现失眠、健忘、易怒、焦虑不安等症状。就像故事中的王鹏，因为长时间的熬夜，竟然在路上走着走着就昏睡了过去，真是让人又担心，又无奈。

所以，父母不能纵容孩子的熬夜行为，要让孩子知道，身为一名高中生，想要获得独立自由的生活，就要制订劳逸结合的作息时间，让父母放心。

那么，如何让高中生自觉地制订合理的作息时间呢？

1.从小就培养孩子独立作息的习惯

十六岁的孙晓飞别看是个高中男孩，却比小孩子还要胆小怕事。他怕的事情很多，天上飞的、地上跑的、水里游的，还有一些存在或者不存在的东西，只要他能看见、能想象出来，就会怕个不停，有时候太害怕了，还会哭出来。从小，爸爸妈妈经常骂他没出息，不像个男孩子。可就算是挨骂，孙晓飞也依旧胆小怕事，就算成了高中生，也一点长进也没有。

而且，令人头疼的还不止这些，最让孙晓飞爸妈发愁的，是孙晓飞的睡觉问题。从小到大，每天晚上一到睡觉的时间，孙晓飞不是让爸爸陪，就是让妈妈陪，反正就是不肯自己一个人去房间里睡觉。

小时候，爸爸妈妈还不觉得有什么，但现在孙晓飞已经是一名高中生了，还总是央求爸爸陪着他一起睡觉，这实在让人很苦恼。

生活中，像孙晓飞这样的孩子并不少，他们虽然逐渐长大了，却仍然喜欢父母哄他们入睡，甚至还会要求父母和他们一起睡，这样才会觉得有安全感，否则就睡不着。其实，这是孩子独立性弱的表现，这样的孩子往往比较依恋父母，他们喜欢和父母在一起生活，一旦离开父母就会感觉不安，心里产生不安全的感觉。出现这种情况的原因，是父母从孩子出生后就对其过多地照顾，一直到四五岁甚至十来岁的时候，还在一个房间睡觉，使孩子独立性方面的发展跟不上年龄的增长。对此，父母应想法改变孩子对自己的依恋，鼓励其拥有独立的空间。父母应从小就告诉孩子拥有自己房间的好处，比如可以按照自己的意愿装饰房间、可以拥有自己的小秘密等，让孩子尝到拥有自己房间的乐趣后，父母再告诉他，想要成为小大人，就要自己休息，不和父母一个房间睡，这既是其独立性的表现，又是其勇敢的体现，逐渐培养起孩子独立作息的习惯。这样一来，等到孩子成为高中生后，就会变得独立很多，不再让父母为他们过多操心了。

2.约束孩子的作息时间，让孩子的生活规律起来

晚上不睡，早晨不起床，睡眠不足，白天没有精神……这些都是父母眼中高中生常见的生活问题，他们也觉得孩子这样的习惯不好，会影响到学习。其实看似不起眼的睡眠问题对孩子的危害很大，比如孩子生长缓慢、记忆力下降、多动、肥胖等都是由睡眠问题引起的。在前不久的世界睡眠日，其主题就和孩子有关——"关注睡眠品质，关爱儿童睡眠"，可见，孩子的睡眠问题已经成为世界卫生界专家关注的焦点了。

在我国，有超过七成的孩子比欧、美、日国家孩子睡眠时间至少少一个小时，不要小看这一点时间，经常性的睡眠短缺或睡眠质量不佳，会对孩子的成长发育有着非常不利的影响。对此，父母可采取相应办法纠正孩子的不良休息行为，主要有以下建议供父母参考：

上小学前，孩子的睡眠时间应多于八小时；

孩子晚上睡觉时间不宜晚过十点，早晨起床不宜早过五点；

孩子的午睡时间应在一个小时以内；

孩子睡觉时，卧室应安静，不宜有电话等影响休息的设备；

在晚餐后，孩子不宜饮用含有咖啡因等的饮料，如咖啡等；

晚餐后，孩子不宜进行运动量较大的活动，以免影响入睡，也不能听音乐睡觉；

父母应该让孩子明白：睡床就是其睡觉的地方，不能在其上玩游戏等，以免养成习惯，影响其休息；

假期时，孩子的作息时间应和上学时保持一致，不能有较大的差异。

与孩子一起合理搭配饮食

红霞从小就很挑食，青椒不吃，叶子菜不吃，每顿饭必须要吃肉，否则就又哭又闹。升入高中的红霞虽然不再哭闹了，但每次都会闹脾气，一看桌上没有肉，就扔下筷子，干脆不吃了。

"我就是不爱吃菜，肉多好吃啊。"红霞觉得，作为一个合格的"肉食主义者"，她必须要有原则，说不吃菜，就不吃！

有一次，妈妈做了些"素肉"，也就是把蔬菜披上了一层"外衣"，看起来就像是肉一样，想让红霞吃。

结果红霞刚尝了一口，就扔下了筷子，说："这根本就不是肉嘛！我不吃了。"

时间一久，妈妈也就不管她了，她吃肉吃得更多了，简直就是无肉不欢。但是有一天，红霞却突然觉得自己肚子疼了起来，一开始她以为是闹肚子了，可等了一会儿，却发现越来越疼，家人发现后，赶紧带她去了医院。

检查结果显示，由于红霞一直挑食，她的肠胃受到了一些影响，所以才会感觉肚子痛，其实是胃在疼。并且医生还说，如果红霞不改正挑食的习惯，身体无法吸收更全面的营养，除了会引起胃痛，还会引起其他的不良影响。

这次的教训和医生的话让红霞开始认真对待自己挑食的毛病了，她不想变成"病秧子"，她想做一个健康的女孩。

挑食是孩子常见的毛病，但挑食太厉害的话，就会像故事里的红霞一样，会引起身体的各种不适，导致疾病的发生。尤其是身体发育进入高峰期的高中时期，如果孩子过于挑食，会让他营养失衡，导致身体发育不良。

那么，挑食、偏食都有可能引起哪些不良反应呢？

挑食有可能导致高中生贫血。高中生的身体正处在快速生长时期，需要吸收足够的维生素和微量元素，比如铁、B族维生素等。如果高中生有挑食的毛病，就会使身体获取的营养元素不充足，进而引发贫血。高中生发生贫血后，就会出现头晕、乏力、注意力无法集中和精神不振等表现，会严重影响孩子的日常生活和学习。而高中生需要保持充沛的精力解决学习中的难题，如果整天头晕、没有力气，必然会影响到学习状态的。

挑食还会影响高中生身体的抵抗力。没有任何一种食物能完全满足高中生身体发育过程中所需要的全部物质，如果长期只吃一两种食物，就会让人体无法吸收足够的营养元素。人的身体需要吸收多种营养物质才能变得更强壮，缺少任何一种营养，身体的抵抗能力都会减弱，也会变得容易遭受病毒的侵袭。因此，高中生不能只吃素食或者荤食，要荤素搭配，才能吃出健康的好身体来。

知道了挑食会引起营养失衡，导致这么多不良的影响，那么父母应该如何做，才能让孩子合理饮食，荤素搭配合理呢？

1.让高中生掌握健康的饮食方法

轩轩是一名高中男生，进入青春期的他发育得很快，只半年的时间，身高就超过了妈妈，但他的体重却增加得很少，看起来像个营养不良的"豆芽菜"。

轩轩一直很羡慕同班同学健壮的身体，看看自己的"排骨"身材，他

沮丧地低下了头。

"你说我平时吃得也不少，怎么就不长肉呢？"轩轩问同学。

同学笑着说道："是吃得不少，可全是零食。"

"不是说零食吃多了容易发胖吗？可我没觉得自己胖起来啊。"

"对于三餐正常的人来说，零食吃多了可能会发胖，但对于你这种只吃零食、不吃正餐的人来说，只会让你变得营养不良，瘦成小竹竿！"同学毫不留情面地说道。

轩轩撇了撇嘴，无法反驳同学说出的事实。

"从明天开始，我肯定不吃零食，多吃饭。"

第二天，轩轩还真的不再吃零食了，一日三餐都吃得很多，但这样做的结果不但没有让他长胖，反而因为急性胃炎住进了医院。

医生说："这是暴饮暴食导致的，以后别吃那么多东西，胃肠道消化不了的。"

轩轩感觉很郁闷，吃得少了不长肉，吃得多了反而更遭殃，那他到底该怎么吃啊。

轩轩的烦恼，其实也是很多青春期孩子的烦恼。进入高中后，孩子的身体会发生很多变化，这些变化让孩子体内营养的需求量急剧增加，稍不注意，就会导致营养不良或营养过剩，让瘦子更瘦、胖子更胖，对孩子的健康十分不利。

这种时候，父母应让孩子及时掌握健康饮食的方法，知道哪些饮食习惯是错误的，要如何才能吃出健康、吃出营养，不能一味地为了减肥或增肥而节食或暴饮暴食。这样做只会让高中生像故事中的轩轩一样，吃不出健康，还有可能让自己的胃肠道受罪，甚至是住进医院。

2.一日三餐按时吃

很多高中生不习惯吃早餐，午餐和晚餐也是感觉饿了才吃，没有任何的规律，这样对身体是很不好的。不定时定量饮食，不仅会影响身体的健康，还会让高中生在学习的时候力不从心，影响学习成绩。另外，有些高中生因为运动量大，喜欢在吃饭前喝大量的水，这样做也是不对的。饭前大量喝水，不仅会加重胃的负担，使人有饱胀不适之感，还会因冲淡胃液而影响食欲和消化能力。同时，由于胃酸被稀释，降低了杀菌能力，易感染胃肠道疾病。

另外，吃饭的时候高中生也不能蹲着吃饭，因为蹲着吃饭会使胃受到压迫，很快感到饱胀，影响胃对食物的接纳和消化。而且由于蹲着，全身的重量支撑在两条腿上，使下肢血液回流受到影响，也不利于血液循环。吃饭的时候要细嚼慢咽，不能太快，囫囵吞枣。如果高中生吃饭太快，就不能使唾液和食物充分混合以提高食物的消化效率，既不利于人体对营养物质的吸收，又容易引起打嗝。严重的可因吞咽不当，造成食物堵塞气管而发生窒息的危险。

而且，狼吞虎咽，还会使食物不经嚼碎就进入胃，增加胃的负担，成为胃病的重要诱因之一。需要注意的是，在睡前高中生不应再进食任何食物，因为睡前进食易伤脾胃。睡前吃东西会加重胃肠道的负担，影响胃肠的正常消化功能。同时，由于胃肠的容纳过量，睡下后胃满腹胀，既影响入睡又伤害身体，所以，高中生在睡前不应进食。

让孩子明白，好的身体是学习的资本

盼盼从小就是个小懒虫，成为高中生后，别说帮爸爸妈妈做家务活了，他自己连一点运动都不爱做。

这可愁坏了盼盼的爸爸妈妈，孩子眼看着已经成为高中生了，可还是不爱运动，再这样下去，身体肯定会出现这样或那样的问题，十分不利于孩子的健康发育，这可怎么办呢？

"盼盼，只要你围着院子跑一圈，爸爸就给你买你最想要的自行车，怎么样？"爸爸想用儿子最喜欢的东西来"引诱"他，让他多少活动一点。

盼盼想了想，自行车的诱惑力还是很大的，他好像有了运动的动力。可是他一想到现在天气越来越热了，还要出去来回跑步运动，就开始打退

堂鼓了。

爸爸见自行车都无法打动儿子，更加发愁了，现在儿子的体重已经超标很多了，再这样下去，可如何是好呢？

用什么办法，才能让儿子喜欢上运动呢？

近日，教育部门发布了学生身体素质调查报告，向父母揭示了一组惊人的数据：近二十年来，中小学生的肺活量一直持下降状态，过半学生有不同程度的近视，近五分之一的初中生营养不良；近八成的父母在接受访问时，回答孩子放学回家的第一件事是学习，而活动锻炼则排在了学习、看电视、玩游戏后，位居第三，实际上每天活动的时间都小于半个小时，而这样的活动量是远远无法达到健康的要求的。

这说明不仅很多孩子对体育运动缺乏兴趣，他们的父母也对此不够重视。但是，好的身体才是学习的资本，尤其是升入高中的孩子，高中的学习生活是十分辛苦的，如果身体素质没有提高上去，那么高中生很容易在学习的过程中出现各种各样的健康隐患，让父母担忧。据研究发现，体育运动能够促进孩子的身体发育，对其智力提升、自我意识建立和心理健康发展等也有着很重要的作用。因此，父母应重视高中孩子的体育锻炼，让孩子从电视机前、电脑前走开，去运动场所进行各种活动。

1.丰富孩子的运动项目

高中孩子对体育运动没有兴趣的一个原因，就是传统的运动方式已经很熟悉了，再进行就有些乏味和单调了，而孩子又是喜新厌旧的，很难对一样事物长期保持兴趣，因此，父母应多找些运动项目给孩子选择，这样不但能经常让孩子保持新鲜感，还能让他受到多方面的锻炼，可谓一举两得。一般来说，高中孩子的体育活动一般为一天一个小时即可，日常的运动量和强度不可过大，以免受伤，影响日常的学习生活。

如果孩子不愿意一个人去运动，父母可以多鼓励他和伙伴、同学一起进行体育运动，既能增进友谊、培养团队精神，又能相互鼓励、在游戏式的活动中锻炼身体，更能让孩子找到属于自己的活动天地。

2.让高中孩子了解有氧运动的好处

如果孩子实在不愿意进行一些看似粗鲁的高强度体育锻炼，父母也可以向孩子推荐有氧运动，来锻炼孩子的身体。

有氧运动是近年来新兴的一种体育运动方式，它简便易行，安全有效，既可避免高中生在运动中受到伤害，又能帮高中生调理全身器官，练出健康好身体。有氧运动就是指人体在氧气充分供应的情况下进行的体育锻炼。即在运动过程中，人体吸入的氧气量和身体需求量相等，达到生理上的平衡状态。有氧运动衡量的标准是心率。如果女孩在运动时，心率保持在150次/分钟，这样的运动量就是有氧运动，此时血液也可以供给心肌足够的氧气。有氧运动强度低、有节奏、持续时间较长，对高中生身体健康比较有利。

有氧运动的创始人是美国预防医学专家库珀，他曾经长期担任美国总统的私人医生。他认为，大运动量的健身运动有可能会慢慢损伤我们的身体。如果把这些大量的运动，分成几次，规定时间和运动量，做些适量的运动，不但能强身健体，还能有效降低患心血管病和癌症的危险。对高中生来说，适量的有氧运动还能提高孩子在学习中的精力，让孩子在生活和学习中精力充沛。

3.适合高中生的有氧运动

步行。1992年，世界卫生组织提出：最好的运动是步行。这是因为人是直立行走的，人类的生理与解剖结构表明人类最适合步行。步行不仅可强身健体，更可以治疗疾病。高中生在进行步行运动时，要坚持、有序，还要适度。别小看步行，走得太多、太远，也是会对身体造成一定损伤的。步行是人最基本的运动方式，也是最佳的运动方式之一，它不受环境、条件限制，谁都可以进行。如果高中生每天能坚持步行20～30分钟，不仅会保持身体的健康，还会让体内的脂肪达到健康的水平，不会担心小肚腩的发生。而且，步行可促进四肢及脏器的血液循环，调节神经系统功能，促进新陈代谢，解除神经、精神疲劳，使人气血流畅，脏腑功能协调，降低血压和血脂，减轻或消除头晕头痛、心烦气躁、失眠等症状。对青春期正在成长发育的高中生来说，步行是最好不过的有氧运动方法了。

慢跑。慢跑是一种中等强度的锻炼方法，近年来流行于世界各地，被人们誉为"有氧代谢运动之王"。从20世纪60年代起，在美国每年有700万～1000万

人坚持慢跑。它的运动强度大于步行，又被称为健身跑。慢跑可以让人们在运动过程中不需要借助任何运动器械，也不受时间地点的限制，就可以达到运动健身的效果。高中生通过适当的慢跑，可增强自己的腿力，对全身肌肉，尤其对下肢的关节、肌肉有明显的锻炼效果，还能减轻体重。同时，慢跑可提高机体代谢功能，调节大脑皮质功能，使人精神愉快，促进胃肠蠕动，增强消化功能，对于肠胃消化不好的高中生更有益处。

游泳。有些高中生可能会觉得跑步、走路太累，有没有更轻松有趣点的方法呢？当然有，这就是游泳健身。而且，游泳还是最快速、最有效、最理想的减肥运动。这是因为，水的导热性是空气的5倍，游泳时水的阻力比空气大得多，所以游泳时所消耗的热量远远超过跑步、走路这些陆上运动项目。而且，游泳也不会造成身体的负担，由于水的浮力作用，高中生能在接近失重的状况下进行运动，这就大大减轻了高中生运动时下肢的沉重负担。

教孩子远离危险，学会保护自己

一天下午，读高中的桃桃放学后一个人高高兴兴地朝她家所在的小区走去。可是，走到半路上，有个中年男人开始跟着桃桃。桃桃走路速度慢，所以那个中年男人一直走走停停，始终没有走到她前面。等桃桃走进小区，那个男人便主动迎上前来说自己也住这个小区，然后问桃桃家是几栋几号。

原本，以桃桃活泼开朗又没有太多心眼儿的性格，她可能会将自己家的门牌号如实告诉那个中年男人。可正当桃桃要开口时，身后一个熟悉的声音传来："桃桃，你站在这里干什么，怎么不回家？"是桃桃爸爸在说话。

桃桃转头看到了爸爸和他的几位同事，然后笑着说："没什么，这位叔叔想知道我们家在哪儿。"

这时，看到桃桃爸爸和他身边另外几个健壮的男子，那个中年男人立马灰溜溜地往小区门外跑，边跑还边说："哎呀，突然想起来我还有事，先走了！"

这件事给了桃桃爸爸一个警示，他觉得有必要加强桃桃的自我保护意识，让她对陌生人提高警惕，而不是再像今天这样，将自己家里的情况随便告诉陌生人。

对于父母而言，孩子的安全与健康永远是他们心中最大的牵挂。孩子独自外出时，父母会担心他被陌生人欺骗；孩子一个人在家时，父母会担心有坏人敲门，孩子糊里糊涂地就开了门；孩子去上学，父母会担心高年级的同学或社会上的小混混欺负他；孩子出门打出租车，父母会担心孩子被坏人诱拐到陌生的地方……

父母并不能时时刻刻守在孩子身边，所以为孩子的安全担忧是难免的。而且，我们的周围的的确确发生着不少安全事故，这迫使父母不得不更加提高警惕。

近年来，不仅是年龄小的孩子，越来越多的高中生也因为各种各样的意外而陷入危险之中，有一些甚至还付出了年轻的生命。这样的代价无疑是巨大的，也是令人震惊的。如果高中生不学会保护自己，防止意外发生，很可能会遇到危险，后果不堪设想。比如，交通事故、意外摔伤、被坏人尾随、遭遇歹徒等。这些事情虽然听起来可能离我们的生活很遥远，高中生也觉得自己不可能这么倒霉就遇到这些意外，但不怕一万，就怕万一，万一一个不小心遇到了这些意外，高中生面临的可能就会是性命攸关的大问题。

意外，有可能是意外事故，有可能是意外伤害，但不管是哪种意外，都需要高中生提高自我保护能力，避免发生意外。

上面故事中的桃桃算是幸运的，虽然不知道那个中年男人有何企图，但爸爸的及时出现避免了不安全事件的发生。可是，幸运之神不一定永远守护着桃桃以及其他每一个孩子，所以孩子学会自我保护，才是其避免或减少意外伤害的关键。

当然，让孩子学会自我保护，这不是一朝一夕的事，它需要父母的长期指导和帮助。也就是说，父母要教会高中孩子，该如何避免、远离甚至消灭已经遇到的或有可能遇到的各种危险，具体方法可参考以下几种。

1.告诉孩子可能遇到哪些危险，并提高其灵敏度

高中孩子的生活经历和人生阅历有限，很多时候无法意识到自己是否处于危险之中。所以，平时生活中，父母应时常告诉孩子什么是危险的，他有可能遇到哪些危险，并教会他如何避免这些危险，如告诉他荡秋千时不抓紧秋千绳可能会摔下来；一边走路一边看书，可能会被车撞到；等等。

另外，当孩子清楚什么是危险的、怎样避免危险等问题后，父母还应想办法提高其灵敏度，一个比较好的方法是让孩子多做球类运动，如踢足球、打篮球等。这些球类运动需要孩子敏锐地判断球的来去方向，并很快做出击球、接球、传球等反应，所以是提高其灵敏度的有效途径。

2.训练孩子的短、长跑能力

有时高中孩子遇到危险，最简单的方法或许是最有效的自我保护法，比如"跑"。在电影《阿甘正传》中，憨憨的阿甘在面对战场上的重重危机时只想到了一个字——跑。最后，在关键时刻，这个"跑"救了他。

其实，现实生活中，当孩子遇到歹徒行凶等危险时，"跑"或许也正是他远离危险的最好方法。当然，跑也是有技巧的，父母要告诉孩子，当遇到歹徒行凶等情况时，不仅要马上向远离歹徒、向有出口、向人多的方向跑，还要大声呼救。

所以，生活中，父母应重视对孩子短跑和长跑能力的训练，要提高其身体素质，让他在紧急时刻有足够的体力去摆脱危险。

3.培养孩子临危不乱的能力

生活中，高中生会遇到很多突发事件，但很多时候，他们并不能清楚地辨别它们，也没有独立处理好这些事情的能力。每个人都会遇到一些自己无法控制的事情，如果高中生不学一些面对突发事件的应变能力，那就很可能要承受损失或者受到伤害。所以，为了将突发事件可能带来的损害降到最低程度，父母应在平时的生活中多重视高中生应变能力的训练，培养他们临危不乱的心理素质，多开

发他们的智慧，让高中生尽量远离意外，远离危险。

提醒孩子遵守交通规则

王思梦是个高中生，每天都要坐公交车去学校。

这天，不知什么原因，王思梦设的闹钟没响。一觉醒来，他发现自己快迟到了。王思梦饭也没来得及吃就匆匆跑到了车站。等了好久才等到他要坐的车。可是要上车的人太多，大家都挤来挤去。担心自己迟到，王思梦硬是挤上了这趟车，他站在了车门口，汽车开动后他才发现自己的书包和衣服被夹在了车门里。王思梦赶紧用力往外拔衣服，可是车门关得很紧，衣服根本出不来。王思梦只好等下一站车停下时车门打开。

终于到了下一站，车一停下门就开了。王思梦差点被甩到车外。从那以后，王思梦再也不敢挤在车门旁了。

上例中的王思梦上车时不注意安全，把衣服和包夹在了车门里，险些将自己甩到车外，酿成大祸。随着交通的发展，越来越多的人需要乘坐公交去上学、上班。在乘坐公交车的过程中，如果不注意安全，很容易发生踩踏、碾压等事故，尤其是体质较弱、防范意识不强的高中生。现代社会的节奏越来越快，马路上的车也越来越多，车速也越来越快，那么，让高中生遵守交通规则，了解一些基本的交通规则常识就成为非常必要的事情了。遵守交通规则，可以保证高中生的生命安全。而且遵守交通规则是现代社会的文明公民必须具备的素养。

交通规则是为了创造和谐社会而设立的，为了培养高中生良好的行为习惯，让高中生学会遵守交通规则，父母应多让孩子了解一些交通规则，避免意外的发生。

1.让高中生熟悉各种交通标志和"红绿灯"

遵守交通规则之前，高中生首先要了解交通规则和交通标志物。比如什么标志是车辆禁止行驶，什么标志是路人可以通过马路，红绿灯是如何看的，这些基本的交通规则常识父母都要教给孩子。知晓了什么是规则，孩子才能学会遵守交通规则。

父母要告诉高中生，不管马路有多么窄，只要有红绿灯，只要有车辆在路上行驶，就一定要遵守交通规则，不要和车辆抢着过马路。有时候高中生在等红绿灯，可能差那么几秒红灯就变绿灯了，他们却认为反正几秒无所谓，就想和车辆"比赛"，觉得有这几秒钟完全可以冲到马路对面去了，可是这样的行为是很危险的，如果哪辆车来不及踩刹车，高中生就会受到伤害。所以，不管在什么情况下，父母都要教育高中生千万不要和车辆"抢道"。

有些孩子年龄比较小，不敢独自过马路，这样的情况下，孩子可以跟着遵守交通规则的大人过马路，可以让他们带着自己过去，也可以跟着大人过马路，在这样的情况下孩子发生危险的系数就会小很多。

2.了解公交车乘车规范

现在，车辆越来越多，我们外出时，基本都是以车代步，所以，父母应该教给高中生一些乘坐车辆的注意事项，避免出现像上面故事中王思梦所经历的危险事件。

候车时：父母要告诉孩子，候车时要待在候车亭内，以防影响车辆经过和停靠。

上车时：第一，父母要告诉孩子上车前要确认车次，以防坐错车；第二，要告诉孩子，上车时注意秩序，排队上车；第三，要告诉孩子如果人太多的话就等下一辆，不要拥挤，以防造成踩踏事故；第四，告诉孩子等车停稳再上，保障安全；第五，告诉孩子上车时把包抱在胸前，防止最后被车门夹住或被小偷偷走。

乘车时：首先，告诉孩子应尽量远离车门，小心被车门夹伤，应尽量往里面走；其次，要让孩子学会给需要帮助的人让座，如果孩子没座，应教孩子抓好扶手，尤其是车要停靠时一定要站稳，防止摔倒受伤。

下车时：父母要告诉孩子，下车时应按提醒从前门或后门下车，并且应该排好队，不要影响秩序；等车停稳再下；下车后不要停留，要迅速跑到人行道或候车亭等安全地带，以防发生事故或影响车辆启动。

3.让孩子安全乘坐出租车

随着交通的发展，路线确定的公交车已经不能全面满足人们的出行需求了，出租车成为越来越多的人的选择，尤其是很多需要乘车上学的高中生，他们经常乘坐出租车。相对于公交车而言，出租车行驶路线和终点更加自由，乘坐更加方便及时，内部空间也更大，让人感到舒适。然而，乘坐出租车时仍有很多安全事项需要注意。

提醒高中生上车前在安全的地方打车，比如有出租车站牌的地方，或者其他出租车可以停靠的地方，千万不能跑到车道上去打车，那将给孩子的安全带来危险；其次，告诉孩子要乘坐正规的出租车，不要乘坐黑车，在上车前要确认计价方式，最好选择打表计价的车。除此之外，还要告诉孩子最好上车后再告诉司机详细地点，这样就可以避免站在车外对话时发生意外。

提醒孩子上车后要把门关好、关紧，必要时可请司机帮忙；建议孩子选择后排座位，调查数据表明，发生车祸时副驾驶座伤亡率要高于后排座位；告诉孩子如非必要，不要与司机闲谈，这可能导致他们因注意力不集中而发生意外；不要向司机透露个人信息；不要让司机突然转弯或停下，也不要催促司机；不要在车上吃棒棒糖等容易伤到自己的东西；建议孩子看着计价表，这样既可以根据金额知道自己什么时候该下车，又可以防止司机乱收费。

提醒孩子下车前要检查自己的东西是否落下，尤其是贵重物品和后备箱内的东西；最好能在车上结清车费，以防在车外给钱时发生意外；记住车牌号，保存车票，以防落下东西却找不到车；提醒孩子一定要等到车停稳了再下，而且下之前要先观察路况，确认车辆右侧无行人或其他车辆通过时再下车。

户外出游安全，孩子不可大意

一天中午，高中生亮亮和同伴文文、田力三人约好，趁着父母睡觉偷偷跑到河边玩耍。

"哎呀，我的衣服掉进河里了。"亮亮慌忙对同伴喊道，"快点帮我捞衣服。"

文文和田力本来正在捡奇形怪状的石头，听到亮亮的呼喊马上扔掉了手里的石头跑了过来。文文喘着气说："你怎么搞的？那么不小心！"

"我抢着衣服玩儿来着，一不小心手一松就飘到河里了。"亮亮捡起一根长树枝说，"快，咱们拿这个树枝把衣服捞上来。"

"文文你不是正学游泳呢吗？你游下去捞上来不就行了吗？"田力对文文说。

"我还没学会呢。"文文想了想还是不敢下去。

"别废话了，衣服被水草缠住了，我的胳膊不够长，加上这根杆子也够不着衣服。"亮亮拿起杆子试了试，"这样，我趴下，你们按住我的腿。"

"啊？太危险了！别要那衣服了。"文文有些犹豫。

"不危险，你们扶好我就行了。"亮亮说着已经趴好了，田力和文文马上摁住了他的腿。

"不行，再往前挪点。"亮亮一边尝试一边往前挪，"再挪一点。"

"不行，快按不住了，你别乱动。"田力和文文有些着急地说。

"还差一点。"亮亮还在使劲往前伸着身子，突然一个猛用力，衣服被挑了起来，可没等他高兴就一个趔趄栽进了水里。

文文和田力吓得面如土色，急忙呼救。恰好一个成年人从此路过，看到此景二话没说就跳进了河里救起了亮亮。

亮亮是幸运的，在他危难之际恰好遇到会水的好心路人将其救起，否则后果不堪设想。故事中，我们可以看到，亮亮和田力都极其缺乏户外安全意识，亮亮为了捞起衣服不顾同伴的警告使劲往前挪动身体，田力在不知道河水深浅的情况下就怂恿文文下水，这都是缺乏户外安全意识的表现。三个人中只有文文还多了一些思考，他没有下水游泳，还劝告亮亮放弃那件衣服，可由于另外两个孩子的固执和自己的不够坚定，文文也参与了这场危险的"游戏"。据有关部门统计，儿童和青少年溺水死亡的人数在意外伤害的死亡人数中占40%，是户外安全隐患指数中最高的一项。

要知道，好动是孩子的天性，不管是儿童，还是已经成为高中生的青少年。虽然父母常带孩子到户外运动游玩不仅可以让孩子呼吸新鲜空气，使孩子放松心情，还可以增强孩子的体质，促进其身心健康地发展，但正处于成长期的高中生，对许多户外事物都感到好奇，看到新鲜、好玩儿的东西都想要亲自去尝试，然而，由于他们缺乏对事物的认知和体验，缺乏自我保护意识，又极其大胆，所以对高中生来说，户外活动存在着很大的安全隐患。

爱孩子，就要保护好孩子，生命安全是一切的前提。高中孩子整天待在家里，父母发愁，常常催他们"出去跟同学玩儿"，可一旦孩子外出离开自己的视线，父母却又十分担心孩子的安全，巴不得跟在孩子后边照顾他、保护他。其实，"千般照顾，不如自护"，父母及时告诉高中孩子基本的户外安全常识，才是对孩子真正的爱护。

1.经常向高中生传达"安全第一"的观念

平时生活中，父母可通过点滴小事向高中生传达"安全第一"的观念，让孩子逐渐养成时刻注意安全的习惯。如带孩子过马路时，父母一定要严格遵守交通规则；进行体育活动前，一定要提醒孩子先活动各个关节，保证运动的安全；打车出行，告诉孩子不要坐在副驾驶的位置，提高安全系数；孩子学习游泳一定要带他到正规的游泳场所等，让孩子学会对自己的安全负责。

为了让孩子养成安全意识，父母可以多带孩子参加一些户外运动，并且针对不同的运动项目，运动前都要对孩子进行完整的安全教育。比如，登山都应该注

意哪些安全事项，怎样选择最方便、安全的衣服，什么样的鞋子最舒适；登山过程中体力不支怎样应对，掉队怎样求救等。通过一次次的户外活动，培养高中孩子良好的户外安全意识习惯。

2.增加高中生野外生存常识，为孩子准备野外急救包

野外生存常识是孩子所欠缺的知识，倘若他有一天需要去野外活动，就无法给予自己更加安全的保障。所以，当高中孩子提出要去野外活动时，父母要让高中生多了解一些野外生存的知识，并教高中生如何准备充足的野外急救包。父母要告诉孩子在准备野外急救包时千万不能马虎或者抱着侥幸心理，有些急救包里的东西可能不是每次都能用得到，但是万一孩子在野外遇到了危险，急救包就是他的救命稻草。

父母要告诉高中生，急救包的主要功能就是在他受伤、生病或身体不适时，能让他通过急救包在第一时间给予自己有效的治疗。所以，一般急救包中的物品分为两大类，一类是药品，另一类是医疗器材。药品主要是针对孩子在野外时遇到伤害时的外伤药，或者是误食东西所需要的肠胃药，再或者是用于消炎、解毒的药物等。常用的药物有感冒退烧药、肠胃药、外伤消毒药、消炎药，解毒药（蛇毒）、解毒剂（一般食物中毒和轻微其他中毒）等。医疗器材主要是一些携带方便的处理外伤的物品，比如，创可贴、纱布、弹性绷带等。这些东西大多可以多功能使用，比如，创可贴可以用作临时胶布，纱布可以当作绳子使用，弹性绷带可以帮助止血等。所以，孩子在使用这些东西时，要随机应变，充分发挥出它们的作用。

另外，高中孩子在野外生存时，能帮助孩子解决危险的不仅仅是急救包，应急包同样也是帮助孩子脱离险境的关键装备。当孩子遇到伤害或者病灾时，急救包是帮他解除危机的最佳选择。但是，当他遇到迷路，或者其他危险时，应急包就能体现出它的价值了，所以，父母在帮助孩子准备急救包的同时，也要帮助孩子准备应急包。应急包主要是一些逃生工具和求救用品，比如，救生绳、救生衣、防水手电、信号弹、指北针、地图等。这些物品在孩子遇到危险时可以帮助他逃离危险或者原地求援，从而让他的安全能得到更多的保障。

第 5 章

教孩子规划自己的高中三年及人生蓝图

告诉孩子，成绩不理想说明不了什么

　　小飞的父母都是老师，学识渊博，从小就对小飞要求严格，但小飞的学习成绩却一直不理想。小飞上了高中，父母更是逼着他上各种补习班，忙得小飞像只陀螺一样不停地转，但成绩就是不见起色。眼看高考临近，父母更是急在心头，看着没有一点进步的儿子会忍不住责备他；日子久了，开始冷嘲热讽，甚至大声呵斥。小飞的反应从开始的低头不语，到后来出言反驳，再到后来，干脆摔门而走，父母和孩子的关系越来越僵。

　　一次月考完了之后，在父母的多番责骂下，他又一次摔门而走，只是他这次不是走进了房间而是走出了家门，他离家出走了。在历经千辛万苦的找寻后，父母终于在江边的堤岸上发现了他的身影。在那一刻，父母痛哭流涕，他们终于明白了没有什么东西比儿子重要。父母回想着过去的三年中因为苛求孩子的成绩而给孩子和自己带来的痛苦，悔不当初。

　　高中三年或许是大多数孩子能够陪在父母身边的最后的、最完整的、最长的一段时间，不久之后，很多孩子就要到远方求学，然后为自己的生活忙碌，能在双亲身边的时间少得可怜。日常生活中，很多孩子有着和小飞一样的情况，明明没有偷懒，学习成绩就是上不去。他们的父母大多也像小飞的父母一样采取了责骂的方式，孩子不开心的同时，父母也不舒服。可是成绩真的重要到可以牺牲和谐的家庭生活和孩子的快乐吗？

　　其实学习成绩说明不了什么，学生的考试成绩的好坏只能代表一个人接受知识的能力和模仿能力的高低，尤其在目前应试教育的情况下，学习成绩在孩子的未来发展中越发显得苍白无力。父母纠结于孩子的成绩，甚至为了成绩牺牲孩子的快乐，这些都是没有必要的。

孩子的学习成绩不好，一部分原因可能是与孩子的自身天分有关，孩子的天分有高有低，学习成绩自然也有差别。另一部分原因是与孩子当时的状态有关，孩子或许身体较差，没有那么多的精力来复习，又或者是孩子考试易紧张，状态不佳导致发挥失常。

考试成绩能决定孩子上什么大学，但决定不了孩子是否有成就，决定不了孩子的人生是否有意义。没有人能保证上了北大、清华的人就一定比上其他大学的人有出息。历史上很多有着非凡成就的伟人都不是一个学习成绩很出色的人，众所周知的爱因斯坦、爱迪生都是当时学校的劣等生，用创新改变世界的乔布斯大学没有读完就被勒令退学，诺贝尔奖得主、华人科学家、美国麻省理工学院教授丁肇中也曾坦言自己的成绩不理想，甚至说"很多世界上很著名的科学家，他们中很少有考第一名的"。家长们要理性看待成绩，告诉孩子，成绩不理想说明不了什么。

关于如何让孩子正确看待自己的成绩，以下建议供参考。

1.让孩子正确看待自己的成绩

成绩不理想说明不了什么，可是由于学校、社会对成绩的重视，会影响孩子对自己成绩的看法。在学校、社会的压力下，不少孩子可能会因为自己学习不好而自卑，甚至自我怀疑，从而产生悲观情绪。家长首先自己要用理性的思维去看待孩子的成绩，也要教给孩子正确的成绩观，让他们正确地看待自己的成绩。

小文平时学习很努力，但学习成绩就是不好，他经常因为成绩不好而自卑。因为自卑，他从来都不去参加什么竞赛活动，在小组和班级活动中也不主动发言，沉默少言，缺乏朋友，在班上几乎没有什么存在感。

父母从来不知道孩子的性格为什么会这样，只当孩子本性沉默寡言。直到一次父亲不小心翻到了孩子的日记，才知道孩子一直因为学习成绩而自卑。于是父母在日常生活中开始注重对孩子成绩观的教育，不再经常询问他的成绩，也经常讲一些有关的名人故事，鼓励孩子在他喜欢的吉他上多花点时间，也鼓励他参加一些小型的演出和比赛，小飞逐渐恢复了自信。

让孩子正确地看待自己的成绩，父母能做的就是尽量给孩子营造一个不以孩子成绩为重的氛围。如果孩子已尽全力学习，但成绩较差，父母就不能苛责，要对他们多加鼓励。

2.着重培养孩子的素质

学生走上社会，很多在学校学到的知识不一定能用得上，这时孩子能派得上用场的只有学到的素质。素质就是研究问题的处理方法、科学缜密的思维方式、为人处世的生活能力、决策实践的动手意识、百折不挠的顽强毅力，而学习成绩并不是素质。家长更应该重视孩子的素质教育，而非成绩。

小丁在比奇中学可谓无人不知，无人不晓。但和很多有名的学生不一样的是，他出名不是因为学习而是因为他的能力，他的出众的能力让很多优等生望尘莫及。他是所在班级的班长，该班在他的带领下，成绩出众，气氛活跃，积极向上；他还参与组织了学校的五四青年晚会，全权负责迎新会的组织工作；同时，他还是学校宾客的接待人员，专门负责接待国外访客……

他有这些成就得益于他父母的教育理念，在他父母的眼中，孩子素质的培养要远远重于他的成绩，他父母鼓励他参加各种活动，有意地锻炼他的能力和素质。

小丁有这么出众的能力，全靠父母的培养。家长可以像小丁父母一样着重培养孩子的素质，可以在日常生活中通过一些小事有意地培养孩子的素质，像让孩子规划一家人的出行计划之类的，让孩子拥有独当一面的能力。

3.引导孩子发展自己的兴趣

如果孩子已尽全力，学习却还不够好，家长就可以鼓励孩子发展自己的兴趣。让孩子在自己喜欢的一个领域或者一个专业钻研，既可以满足孩子的兴趣，又可以让孩子多一项傍身之技，为他的未来的生存发展提供一份保障。

小微的学习成绩不是很好，但她有时间的时候就喜欢剪纸。进入了高中，在父母和她的多番努力而她的成绩却没有提高的前提下，父母决定不加干涉，让孩子发展自己的兴趣。

于是，小微开始花更多的时间在剪纸上。她在剪纸上表现出了极大的热情和耐心，为了拜访名师独自东奔西跑。她专注于剪纸，有时都忘了吃饭，忘了睡觉。当然，她的付出也有了回报，在大大小小的剪纸比赛中屡获殊荣。后来她被剪纸名师看中，收为弟子，专心学习剪纸艺术。她的技艺愈加高超，很多作品都被私人藏家追捧。

她有这样的成就，父母也很欣慰。

达到小微这样的成就或许比较难，但"天生我材必有用"，每个人都必定有一项出众的方面，这个方面不一定是读书。对于有利于孩子进步和发展的兴趣，家长应多加鼓励和支持。

高一，帮孩子适应新的环境与学习节奏

何思浩今年刚上了高一，因为新学校离家比较远，所以家长让思浩在校住宿。思浩的爸妈发现，上了高一之后思浩和家人说话的时间越来越少，本以为这只是因为住宿了所以才产生的感觉，结果细心的妈妈还发现思浩的成绩也越来越差，而且周末不回家的次数越来越多了。

有一天，思浩的妈妈趁思浩回家，便让思浩把书本拿出来，想看看是不是学习的知识太难了导致思浩的成绩下降，结果却发现思浩的书几乎没有笔记，似乎根本没有认真听课。

"你为什么不做笔记，你难道忘了你以前怎么学习的吗？"妈妈生气地说。

"上课困，然后就听不下去了。高中的课程这么多，学的知识又难，而且几乎一整周都在学习，烦死了。"思浩抱怨道。

妈妈又说道："可是你周末回来的时候不是让你玩电脑或者去公园玩了吗？而且你现在不回家的次数越来越多了，肯定是玩去了，怎么会无聊？"

思浩一副死猪不怕开水烫的样子，说："我也就偶尔去网吧玩一下，回家太远，反正都是玩，回不回家有什么区别。学习这么累，光玩这几个小时肯定不够啊，我还要休息啊。"

"你就找借口吧，为什么别人的成绩没有掉下来，难道别人不累吗？"妈妈拉长了脸，气愤地说。

思浩看到妈妈的脸色不好，心中也气愤，便不再争论，甩门就出去了。

高一的孩子多多少少有一些叛逆心理，和他们交流是需要技巧的。思浩的妈妈态度强硬，不给思浩留面子，没有体谅孩子的难处，反而一再责怪思浩，导致两人关系变僵。其实，在孩子高一的时候，家长最需要理解孩子，因为高一的课程表紧凑，与初中有较大的变化，学习的内容也大幅度增加，会让孩子感到疲倦，如果没有适当的放松，会让孩子心理产生压抑，甚至躲避学习而沉迷游戏。高一的孩子有了新的生活环境，结交了新朋友，同时还面临作业多、不适应新老师、不适应住宿等问题。从初中到高中，孩子的心理也会有较大的变化。这些改变都需要孩子去经历，但是这也更需要家长的帮助和理解，因为家是孩子坚强的后盾，是遇到困难时的避风港。以下是几点可供家长借鉴的，帮孩子适应新的环境与学习节奏的建议。

1.给孩子提供适当的放松的机会，与孩子共同减压

虽然高一的课程与高三相比是小巫见大巫，但是对于从初中升上来的孩子来说，适应高一却是非常有挑战性的。由于繁重的课程挤满了工作日，所以孩子只能靠周末的时间来好好休息和放松。

有些家长教育不当，给孩子过大的压力，让孩子在周末也用来看书，导致孩

子放松的时间不足，成绩反而下降，心情也过分紧张。所以家长要知道过犹不及的道理，让孩子学会松弛有道。

为了帮助孩子减轻压力，让孩子慢慢适应高中生活，家长可以在周末鼓励孩子用适当的方式去放松，也可以陪孩子一起逛街、去游泳、看夜市等；在放假的时候，家长可以陪孩子去游乐园、到附近的景点做短暂的旅游等。

2.帮助孩子找到新的最佳学习方法，让学习事半功倍

高中和小学、初中一样，都有一套最佳的学习方法，但是太多的变化让孩子来不及反应，许多孩子在学习上会变得慢半拍，而且学习新科目也会变得困难重重。帮助孩子找到新的学习方法，不仅仅是孩子和老师需要做的，也是家长的责任。

高一与初中相比课程安排紧凑，作业多，而且孩子面临着新的老师和新的同学，新老师有新的教学方法，新同学有新的交流方式，诸多的变化需要孩子面对。此时，家长可以引导孩子主动探索新的交流、学习方式，让孩子多和老师交流。老师有丰富的教学经验，能帮助孩子解决许多日常生活问题和学习方面的问题；新同学来自不同初中，有着不一样的生活经验，也可能有着共同的学习问题，与同学交流能让孩子更明白自己所处的环境，知道自己的学习情况，方便改进学习方法。

3.理解孩子的想法，体谅孩子的难处

高一的孩子大多处于叛逆期，有些问题不想与家长甚至不想和任何人交流，有些孩子还因为离开熟悉的生活环境而变得内向，不知道怎么与新同学交流，又或者认识了一些不太正经的朋友，变成老师和同学口中的"坏学生"。总之在高一的时候，孩子的心理可能出现较大的变化，这时候家长需要主动了解孩子的心理变化，帮助孩子解决出现的问题。

高一的孩子可能出现短时间内成绩不稳定或者成绩持续下降的情况，这时候父母不要责怪孩子不认真学习，而是要帮孩子分析成绩差的原因。有些孩子入学后认识了一些不正经的同学，跟着他们去网吧、逃课甚至酗酒、吸烟，这都需要家长加以重视，俗话说"近朱者赤，近墨者黑"，如果孩子长期被周围的不良氛围影响，那就需要家长加以干涉，及时制止孩子的行为。有些孩子因为上高中认

识的人多了，也有了喜欢的对象，这可能成为孩子学习的动力，也有可能成为孩子堕落的根源。这时候家长就需要告诉孩子一些有关爱情的道理，让孩子客观、理性地对待心中的情感。有些孩子因为与同学相处不和，影响了学习和生活，这时候家长就需要教孩子理性为人处世。总之，家长需要有技巧地与孩子沟通交流，让孩子有困难的时候有倾诉的地方。

高一是一个新的台阶，对于孩子来说是一个重要的新开始，所以家长要帮孩子摆正态度，适应新生活。

高二，让孩子稳扎稳打、永不言弃

高二过去半个学期了，刘斌的妈妈发现孩子似乎总过着沉闷的生活，回家也只是沉默地看电视、玩电脑，而且成绩落下了一大截。看起来刘斌过得很麻木、很疲惫。有一天，刘斌的妈妈找了个机会和刘斌聊起天来了。

"最近怎么都不出去玩了？你以前不是挺喜欢周末去游泳的吗？"妈妈坐到刘斌旁边问道。

刘斌对妈妈主动来聊天似乎有一点高兴，回答道："不知道，作业很多，很累，想去玩又怕浪费时间，不去玩又很无聊，学又学不会，注意力也集中不了。"刘斌噼里啪啦地说着自己心中的烦恼。

妈妈又问道："那你高一时定下的目标和写下的计划也不实行了吗？"

刘斌说："学校每天都是上课、上课、上课，以前定下的一堆计划也跟不上变化了，以前喜欢游泳、打球，可是现在觉得那是在浪费时间，可是不去做那些事也学不下，反正很烦很无聊。"

"学习要懂得劳逸结合，身体是革命的本钱，不锻炼是不行的，而

且我们要为了更快乐地生活而学习，为了学习而劳累就本末倒置了，所以你要适当地去放松才行，至于成绩，你不放弃学习总是会有回报的，而且'吃得苦中苦，方为人上人'，虽然高中很苦很累，可是别人也在拼，努力到最后的就是胜者啊。"妈妈语重心长地说道。

在妈妈的主动沟通下，刘斌说出了最近无聊的情绪和烦躁的心情，刘斌慢慢地学会了劳逸结合，心情也逐渐变好了。

对于孩子来说，高一虽然不适应但是充满了新鲜感，可是到了高二就慢慢地习惯甚至麻木了，比高一更多的课程和作业以及高考的压力也都一起施加在高二学生的身上。高一好不容易立下的目标和定下的计划也在高二遇到了大挑战，因为高二的枯燥和压抑，让一些孩子变得茫然和烦躁。

刘斌就属于学习疲劳茫然的学子之一，想去运动放松，又怕浪费时间而不能坚持定下来的学习计划，最后又累又烦，学习坚持不下来，情绪也变得很糟。

高二是高三的前奏，随之而来的是比高一更繁忙的生活节奏和逐渐增大的压力，虽然这时候与同学已经打成一片，和老师也很好地相处着，但是偶尔的笑声并不能将高中的压力和消极情绪消磨掉，所以孩子很可能在高二的时候"掉链子"。这时候，家长就需要雪中送炭。家长不仅要理解孩子的心理，还要引导孩子走出低谷。以下是一些可供家长借鉴的，引导孩子稳扎稳打过高二的建议。

1.教会孩子在挫折中成长

高中考试频繁，周测、月考、章节考、期中考、期末考，考试几乎成了家常便饭，可是并不是每一次考试成绩都会变得更好。考试本来是让孩子更了解自己情况的途径之一，可是由于频繁的考试，不如意的考试成绩也会随之出现，有时候孩子会因为考试成绩不如意而情绪低落，有时候会因为考试不如意而对某一科产生抵触情绪甚至放弃某一科。

家长要告诉孩子"吃得苦中苦，方为人上人"，让孩子"不抛弃，不放弃"，让孩子勇敢面对挫折，越挫越勇，把挫折当成成功路上的垫脚石。

家长还要引导孩子理智对待成绩。考试只是为了让学生知道自己的不足，然后加以复习，所以不需要因为考试成绩不好而长期处于消极情绪中。家长要告诉

孩子，每个人都会有不知道的知识点，不必太在意排名，但是要把做错的题全部弄懂，让考试变得有意义而不是浪费时间。

高二的学生已经开始有了高考的压力，这时候家长切记不要再给孩子更多的压力，否则过犹不及。

2.教会孩子明确目标

一个明确的目标，是孩子时刻努力、坚持不懈的动力。许多家长并不重视让孩子明确目标这件事，其实，让孩子明确目标比监督孩子学习更为有效，因为有了一个明确的目标，孩子就能自主学习，而且能更有效率地学习。明确了目标，孩子就会有自己的信仰，而信仰是支撑人不断前行的最强动力，就像大多数成功人士，他们都有自己的不可磨灭的信仰，都有一个明确的目标，他们为之努力，最终超越目标。

让孩子明确目标的时候，家长要尊重孩子的想法，不要强行将自己的思想灌输给孩子，只有让孩子朝着自己想要的方向行动，才能让孩子快乐地学习。

家长可以让孩子看一些励志视频或者励志故事，比如视频"鹰之重生""永不放弃"等，家长也可以让孩子仔细体会课堂学习到的故事，如宋濂求师等。这些都有助于点燃孩子心中的梦想，让孩子知道"天将降大任于斯人也，必先苦其心志，劳其筋骨，饿其体肤，空乏其身"，勇敢地迎接挑战。

3.教会孩子劳逸结合

人不是机器，一直学习会让孩子感到非常疲劳，过度的劳累还可能导致孩子身体出现亚健康状态，而且学习效率也会降低。适当的运动有助于孩子在高二的时候更有效率、更健康地学习，所以家长要鼓励孩子积极运动，不要吝啬每天半个小时到一个小时的运动时间。

在校时期孩子比较劳累，家长可以偶尔打电话陪孩子聊聊天，放松心情，也可以找一些搞笑的视频、小故事等让孩子笑口常开。家长还可以让孩子从家里带一些吃的、玩的东西去和同学分享，让孩子生活在一个比较轻松的氛围里。

放假时家长还可以征求孩子的意见，陪孩子去孩子想去的地方，或者让孩子做自己想做的事情。单调枯燥的学习会让孩子感到厌倦，所以家长要积极帮助孩子提高生活质量，让孩子在欢声笑语中走过高二。

高三，鼓励孩子扔掉包袱、破釜沉舟

一天中午，忧心忡忡的嘉惠坐在操场的小角落里，翻看着手机里的号码，找到爸爸的手机号，犹豫了很久才按下拨号键。

电话很快接通了，可是嘉惠听到爸爸那熟悉的声音，却哽咽着说不出话来。

"嘉惠吗？怎么了？"爸爸关切的声音从手机传出。

嘉惠终于忍不住边哭边说道："爸，我不想学了，好累。"

爸爸一听，温和地笑着说道："不学就休息一下，学习不是生活，看这么重干什么？"

"可是我觉得我对不起你们。"嘉惠听了爸爸的话之后情绪舒缓了许多，可是还是很压抑。

爸爸开导嘉惠："没什么对不起的，高考只是人生路上的一个小坑，眼光看远一点，人生还远着呢！所以不需要因为考不好而把自己逼得太紧，只要你努力了，就对得起所有人，而且，你的努力我和你妈妈都看得到，我们都为你感到骄傲，你的成绩虽然比上不足，但是比下有余，所以别逼着自己了，保持这个成绩就好，如果你觉得太累，这周周末就回来吧，爸爸带你玩去。"

嘉惠听完爸爸的话，"哇"的一声哭了出来。哭完之后嘉惠发现自己的情绪已经比原来轻松许多，而且心中充满了希望。

高三在大多数学生和家长的眼中都是沉重和黑暗的，对于学生来说，高三意味着埋头苦读，意味着暗无天日的学习，意味着一天二十四小时紧绷神经。承受压力太大的孩子可能会对高考产生恐惧、排斥心理，而且高三考生部分患有轻度的神经衰弱，时常会被疲劳、焦虑、失望等负面情绪主宰，身体也处于亚健康状态，这时候家长就需要尽量给孩子正能量，让孩子积极面对困难，摆脱消极心态。嘉惠和爸爸的沟通，不仅让嘉惠释放了压抑的情绪，还让她对未来看得更清楚，放下了心中的包袱。而嘉惠的爸爸也十分睿智，他不仅让嘉惠放下了包袱，还主动给孩子提供放松的机会，让过度紧张的孩子得到合适的放松，还让嘉惠重拾信心，抬头挺胸地面对高考。

在孩子最难过、最不安的时候，想到的往往不是同伴或者老师，而是自己的爸爸妈妈，所以家长要重视高三的孩子的心理问题，主动帮助孩子，让孩子自信地面对高考。以下是一些可供家长借鉴的引导孩子扔掉包袱、破釜沉舟的建议。

1.鼓励孩子坚持不懈，直到成功

许多学校在高考倒计时的时候就开始组织人员在一些学生活动的场所写下一些鼓舞人心的话语，许多班级也会在高考备考的时候在班级里写一些能振奋学生情绪的名言，可见鼓励对孩子有多么重要。有些孩子成绩拔尖，对高考稳操胜券，可是他们也需要时刻警醒，让自己保持良好的状态来迎接高考；有些孩子在多次的考试中逐渐失去了信心，他们需要被灌输正能量来让自己坚持学习，走过寂寞、黑暗但是充实的高三。

无论在孩子得意的时候还是失意的时候，家长的鼓励是不可或缺的。家长是孩子最坚强的后盾，所以孩子在最需要倾诉的时候就会找家长，这时候家长不宜再给孩子压力，而应帮助孩子走出低谷，让孩子认清现状，坚持不懈。

给孩子灌输正能量并不难，但一不小心也有可能弄巧成拙，家长不能轻视心理暗示的能量，一句积极的话语可能让孩子相信自己，一句消极的话语可能让孩子自暴自弃，所以家长一定要重视与孩子交流的技巧，让孩子切实感受到轻松的学习氛围，相信自己，勇往直前。

2.帮助孩子调整情绪，迎接挑战

高三的孩子几乎都会抱怨高三太累、太压抑，如果不能及时将情绪调整到最佳状态，有可能影响孩子的备考，还可能让孩子因承受不了高考的压力而躲避现实、沉迷游戏，甚至想不开。有时候高考成绩是出人意料的，因为有些考生发挥超常，考出比平时成绩好许多的成绩，也有一些尖子生临时"掉链子"，而其中

的原因不用多说，主要就是因为考试的时候情绪的影响，可见帮助孩子调整情绪的重要性。

　　家长和孩子交流的时候可以避开学习的话题，多和孩子聊一些轻松、搞笑的事情，也可以说一些新闻，让孩子在放松的过程中了解时事。调整情绪对于高考考生来说非常重要，特别是临近高考时，良好的情绪可能成为决定考试发挥的重要因素，因为孩子在相对放松的情绪下思维能更发散、更灵活，而不至于一进考场就大脑一片空白，最终导致发挥失常。

　　3.引导孩子扔掉包袱，破釜沉舟

　　"一缸水都快喝完了，还喝不完最后一瓢吗？"许多老师都用这句话来鼓舞学生，让学生在最关键的时候能继续往前冲。可是光是老师的鼓励是不够的，因为孩子的压力主要出自他自己和家长，相比于老师的鼓励，家长的鼓励对孩子起的作用更大。

　　孩子或许比家长更知道临近高考时的复习的重要性，可是重复、枯燥的复习可能让孩子变得麻木，不正确的放松和过度的疲劳有可能让孩子在关键时刻松懈。高三一年除去放假时间和周末其实并不长，眨眼即逝，特别是到了高考一百天倒计时期间，孩子、老师和家长可以说是数着手指头过日子的，生怕高考来得太早没准备好，又怕来得太迟坚持不住，一次又一次的担忧将一些小问题叠加成大包袱。许多孩子明明知道高考并不是生活的全部，却把高考看得太重，甚至有些考生因为考不好而寻死觅活。

　　高三期间，家长可以给孩子描绘一个美好的未来蓝图，让孩子想想高考完之后的生活，让孩子不是死气沉沉而是充满期望地迎接高考，并看到高考完之后的美好生活，而不是徘徊在高考的焦虑中。

让孩子明白：人生规划始于高中

"妈，我小时候有没有说过长大后要做警察或者医生或者老师之类的呀？"莫文丽走到坐在沙发上的妈妈的后边，边抱住妈妈边问道。

妈妈说："没有，不过呀，你小时候倒是经常提到要去写童话，让所有小朋友能有更多的故事可以读。怎么突然问起这个呀？"

"因为今天班主任交给我们一个任务，说是让我们写一份人生规划，可是我没什么可以写的，因为我根本就没想过我的人生规划。"文丽回答道。

妈妈突然沉默了，似有所思，文丽看到妈妈不搭话了便想回卧室去，可是妈妈又突然说："文丽，你知道你们班主任为什么让你写人生规划吗？"

文丽调皮地吐了吐舌头，说道："不知道，我才不去想这种奇怪的问题呢。"

妈妈说："人生规划可能会影响到你未来生活的质量，甚至能决定你未来会成为什么样的人。因为如果你真的从现在起就重视人生规划，那么你就会朝着你规划的途径不断努力，最终得到莫大的回报。"

文丽似乎被妈妈的认真吓愣了，说："应该不会这么严重吧，只是一份作业而已啊？"

妈妈回答："这不仅仅是一份作业了，这还是你们班主任想让你们变得成熟啊，如果你重视这份作业，就有可能影响你今后的所有生活，甚至决定你生活的价值。"

听了妈妈的话，文丽也若有所思，静静地回到房里。这天晚上文丽卧室的灯一夜未熄。

一份合适的人生规划，就像孩子人生路上的指示牌，让孩子有目的、有效率的为朝前走而努力，这不仅能让孩子在成长路上越挫越勇、乘风破浪，还能让孩子活出精彩、升华人生。

许多孩子也像文丽一般在老师或者家长的要求下写过人生规划，但是他们一开始基本都不重视这个要求，甚至把人生规划当作一份普通作业，通过上网查询来应付老师和家长。其实，如果不能让孩子切实体会到人生规划的重要意义，即使让孩子写出规划也只是让孩子多了一份奇怪的作业而已，并没有起到什么作用。然而，在文丽的妈妈的启发下，文丽开始思考了人生规划的重要意义，并且落实到具体行动。

高中是人生的一个非常重要的阶段，是孩子性格定型的最重要时期，许多孩子在这个时期变得成熟、理智，也基本有了自己对为人处世的见解，所以这个时期的孩子已经知道自己要什么，想做什么，只是没有明确地记下来，也没有详细的计划。这就影响了孩子对自己未来的努力，甚至让孩子在竞争中松懈下来，得过且过。可见，家长应该让孩子在高中就重视人生规划。以下是一些可供家长借鉴的帮助孩子明白人生规划的建议。

1.引导孩子树立正确的人生观、价值观、世界观

让孩子树立正确的人生观、价值观、世界观能帮助孩子实现人生价值，活出精彩而不迷茫。许多孩子总是浑浑噩噩，不知道自己为什么学习，不知道自己为什么而活，甚至因为太迷茫而不去努力，停滞不前。如果引导孩子树立正确的三观，就能让孩子明确该做的，努力做想做的，让孩子在人生路上不迷茫、不放弃。

首先，每个人的人生观、价值观、世界观不尽相同，但是正确的三观都朝着积极向上的方向，家长可以通过言传身教让孩子体会正确三观的重要性，让孩子体验成年人的世界，从而慢慢形成自己的见解。

其次，家长可以推荐一些有意义的书籍给孩子看，也可以让孩子自己去阅读大量书籍。俗话说"书中自有黄金屋"，看书能让孩子在书中体会现实的酸甜苦辣，体验不一样的人生，在阅读过程中，孩子能增长见识，辨别是非，有助于树

立正确的人生观、价值观、世界观。

2.让孩子认真拟一份人生规划

"光说不做假把式",让孩子知道了他自己需要什么、想要什么之后,家长可以让孩子认真思考,然后写一份人生规划。因为光说"我要什么,要什么"并不能让孩子有效地为之努力,因为孩子不知道获得那些东西的步骤,不知道哪个时期需要达到哪个目标。

让孩子拟一份人生规划,不需要写得多正式,但是一定要让孩子认真思考再下笔,因为人生规划可能是孩子人生路上的路标,当人生路上有了大目标和小目标之后,孩子能坚持不懈地为之努力,能在到达每一个小目标之后得到成长的快乐。更重要的是,认真写并且认真执行的人生规划很有可能影响孩子的每一步,影响孩子成人、成才。所以家长要监督孩子认真拟一份人生规划。

3.让孩子深刻认识到人生规划对人生道路的影响

人生规划就是孩子的梦想,是孩子远航的罗盘,当孩子严格地完成人生规划中规划的每一步时,都将对孩子的未来产生重大的影响。在梦想实现之前,也许会碰到各种各样的困难,也许会失望,也许会怀疑,但是人生规划并不是一成不变的,在经历磨难的过程中,孩子可以得到教训和经验,让他朝着正确的方向发展。

有了人生规划,就有了实现梦想的步骤,孩子知道他需要学习什么,知道他需要放弃什么,进而少绕弯路,而且能快速地重整行装,走出低谷。人生规划越早越清晰,孩子在人生路上的准备越充足,圆梦的时间越短。

一份由孩子认真写出来的人生规划,不仅能让孩子自己不迷茫,还能让家长、老师给予他适当的帮助,减少来自外界的错误的干扰和阻止。

家长要告诉孩子人生规划的意义,让孩子深刻意识到人生规划的巨大作用,帮助孩子走出迷茫、懵懂、虚度光阴的生活。

与孩子一起规划未来的蓝图

秦明的妈妈煮好了饭，可是叫了好几声也没听到孩子的回应，便担心地走进了孩子的卧室，却发现秦明正看着电脑上播放的一部有关中国军人的电视剧，看得津津有味。

妈妈轻声问道："明明，怎么看得这么入迷呀？很好看吗？"

秦明反应过来妈妈的存在，按下暂停键，回头对妈妈笑着说："妈，我也好想当兵。"

妈妈皱着眉头问："可是前段时间你不是嚷嚷着要做服装设计师吗？"

秦明回答："此一时彼一时嘛，你看，当兵多威风呀，保家卫国，无私奉献。"

妈妈叹了口气，说："明明，你这样是不行的，你的目标太多反而会让自己不知道该朝哪一个方向努力，说不定到了最后会一事无成呀。你的成绩不错，而且从小就喜欢有关医学方面的东西，你认认真真地去做一个医生不好吗？能救死扶伤，帮助无数的人找回健康。"

秦明想了想说："鲁迅先生当年还弃医从文了呢，我为什么就不能改变我的目标啊？"

妈妈发愁了，秦明这样的想法要不得呀，他说过他要做医生、军人、服装设计师、程序员……秦明有太多太多的目标，多到让妈妈担心，万一以后秦明不能干一行爱一行怎么办？

有些孩子梦想远大，有些孩子想做的事太多，有些孩子对自己的未来很迷茫。让孩子在心中勾勒一幅美好的未来蓝图，可以帮助孩子找到目标，走出低谷，能让孩子更积极地面对生活。然而，许多孩子并没有规划过未来，因为他们接收的太多信息让他们对未来感到疑惑和无力。许多孩子只是等着未来的到来，总是想着"该来的总会来的，所以我不需要想太多"，可殊不知，那样会让自己时常迷茫，找不到路在何方。

秦明有梦想，却有过多的梦想，想做医生就要学习有关医学的知识，想做军人就需要锻炼好的体魄和坚强的毅力，想做服装设计师就要有美术功底。可是他却不一定有这么多的时间来学习这些，俗话说"无一不专其实无一是专"，学习太多的没有联系的知识会占用学习其他知识的时间。秦明是个聪明的孩子，如果他肯专一地学习某方面的知识，或许能在那个领域有所建树，可是不明确的未来和过多的期望影响了他的学习。

未来是未知而神秘的，但是父母与孩子规划未来的蓝图却能帮助孩子及早朝他所想的方向努力，让孩子钟情于某一方面或者力所能及地多学习一些知识。所以如何与孩子规划未来蓝图便是家长需要思考的问题，以下是一些可供家长借鉴的与孩子一起规划未来蓝图的建议。

1.了解孩子的兴趣和特长，给孩子孩子自由发展的机会

家长都希望孩子能够快乐地学习和生活，而让孩子做他想做的事、学习他想学习的知识便是让孩子的未来快乐的秘诀。对大多数孩子来说，让他学习他喜欢的知识的效率会比让他学习他不喜欢的知识的效率要高。大部分孩子在高中阶段已经知道他想学什么、讨厌学什么，但是高中课程较多，孩子发展兴趣和特长的机会并不多，导致有些孩子在忙碌中荒废了他的爱好，待到高中结束却发现自己什么特殊的地方都没有，甚至有些孩子连特长都遗忘在高中的时间里。

家长需要多观察孩子，并与孩子沟通，了解孩子的兴趣和特长，并给孩子提供学习有关知识或者锻炼的机会。

2.常与孩子沟通，让孩子思考而且变得有主见

许多孩子到了高中还会经常说出"我不知道该怎么做""他们可以我不可以""我不知道那是对的还是错的"等语句。虽然没进入社会的孩子确实比许多进入社会摸爬滚打的人要幼稚，但是不代表他们就应该不经过大脑说"我不知道"，许多事情孩子在高中就应该明白。比如为什么中国人要学习英语、什么时

候该出头什么时候该沉默、自己喜欢什么讨厌什么、为什么喜欢为什么讨厌等。

与孩子一起规划未来蓝图不应该是家长的"一厢情愿"，而应该是由孩子思考之后提出主要观点，家长再给予整理和善意提示。许多孩子从小习惯了有家长帮忙铺路，所以做事经常不思考是否有必要做，比如家长让孩子学音乐，然后孩子就去学，家长让孩子参加奥数，然后孩子就参加，可是许多孩子浪费了许多时间才知道他喜欢的明明是美术而不是音乐，是语文而不是奥数。所以，让孩子变得有主见，父母才能更好地与孩子一起规划未来蓝图。

3.引导孩子为了美好的未来努力，鼓励孩子越挫越勇

也许有些家长已经与孩子规划过未来，但是在成长过程中，孩子却被困难吓倒，开始怀疑和动摇。在一次又一次的失败中，孩子心中的未来蓝图变得模糊，甚至遗失。在孩子受挫的时候，家长是让孩子重拾信心的主力军，家长不仅拥有丰富的人生经验，而且比许多人都更了解自己的孩子，知道孩子需要什么。

与孩子一起规划人生蓝图，需要知道孩子能达到哪一个目标，知道孩子的极限，让孩子不至于失望甚至绝望，然后一蹶不振。"不经历风雨，怎能见彩虹"，孩子在生活中遇到的各方面的挫折都很多，而孩子也基本能承受，可是当孩子真正跌到了、起不来的时候，家长就需要扶孩子一把，让孩子知道人生路上总有家长不离不弃的陪伴，让孩子在一次又一次的跌倒和爬起中得到经验，越挫越勇。在发现孩子不适合做某些事的时候，家长需要及时帮助孩子调整目标，让孩子对人生的规划变得更加现实。

第6章

培养孩子养成良好的学习习惯

训练孩子的注意力

家伟今年十七岁，已经上高三了，学习任务比以前重了不少。可是他的爸爸妈妈却发现，不管是复习还是写作业，家伟都不能集中注意力，经常走神。

原来，随着高考的临近，家伟越来越紧张，总担心自己考不上理想的学校，让父母和老师失望。为了让孩子放松一些，家伟的爸爸就想到一个办法，每天晚上都会让家伟看两个小时电视。然而，这却导致家伟在学习上不那么用心了。上课听讲时，他听着听着就会想到昨晚看过的电视，继而开始走神，课也就听不下去了。放学回到家，不管是写作业还是复习，他总是迫切地希望赶紧把这些任务完成好去看电视。于是，他的作业经常是草草完成了事，复习时也不用心，根本没学到多少东西。

渐渐地，家伟开始跟不上老师的节奏了，不专心听讲导致他落下很多课程。他的成绩也开始下降了，老师和父母很是着急。

上例中家伟的爸爸为了缓解他的紧张，允许他每晚看电视，却导致他因此分心，上课、写作业都不能集中注意力，容易走神，最终成绩下降。

不少孩子像上例中的家伟一样，存在着做事不能集中注意力的问题。出现这种现象的原因主要有以下几点：首先，孩子可能对所做的事缺乏兴趣，也就难以坚持；其次，孩子天性好动，再加上一些孩子缺乏耐心，很难长时间将注意力集中在一件事上。除此之外，没有目标、缺乏合理安排也会导致孩子做事时容易走神，效率不高。而且对于高中生来说，学业上的压力也是导致他们不能集中注意力的一个重要原因。

集中精力是学习的基础。良好的注意力就像是为学习打开一扇窗，注意力越

集中，学到的就越多；当注意力开始不集中时，孩子就很难学到知识了。只有集中注意力，才能充分、全面地汲取知识，才能深入理解并学会运用知识，才能提高学习效率和成绩。对于学习任务繁重的高中生来说尤其如此。因此，家长要培养他们养成做事集中注意力的好习惯，帮助他们提高学习效率。以下建议供家长参考。

1.首先要让孩子设定目标并合理安排

孩子学习不能集中精力，很大程度上是由于没有目标。所以，在孩子开始学习前，家长要引导他们为自己设立一个目标，明确自己想要达到的学习效果。确立目标后的孩子学习时会更加用心，努力完成任务达到目标。比如让孩子通过预习发现自己不懂的问题，这样他们上课时就会集中注意力认真听讲，努力把这些问题搞明白。

有时，孩子虽然为自己设定了目标，却因为时间安排不合理，比如要求太高、安排太紧凑等原因失去热情，导致学习时不再专心。对此，家长要提醒他们，设定目标和计划时一定要根据自身情况合理安排，不要太紧凑、苛刻，否则容易导致自己完成不了任务，挫伤积极性，做事时不再集中注意力。

2.激发孩子的学习兴趣

很多孩子在学习时不能集中注意力都是因为对学习缺乏兴趣，没有热情，自然难以长时间集中注意力于学习上。所以，对于这些孩子，家长首先要做的就是激发他们的学习兴趣和求知欲。

激发孩子学习兴趣的过程，要根据他们的个性来进行。比如，对于已经有自己的理想的孩子，家长可以告诉他们，学好目前的功课是他们实现理想的前提，只有把这些知识扎扎实实地学会，高考才能取得成功，梦想才有实现的可能。这样孩子的学习兴趣就会被激发，会主动去学。对于喜欢挑战、有些逆反心理的孩子，家长可以"故意"表露对他们的失望，可以对他们说，目前的功课太难了，恐怕他们学不好。这样一来，孩子的学习热情就会被激发，会通过努力学习来证明自己。

3.平时做些训练注意力的活动

做事专心这种素质并不是与生俱来的，而是需要训练来养成的。对于天性好动又缺乏耐性的孩子，家长可以在平常的生活中为他们安排一些活动或游戏，以锻炼他们养成集中精力的习惯。

家长可以通过制造干扰来训练孩子的排除干扰能力。比如可以在他们写作业时制造些噪声，在他们下棋时对他们说话，企图分散他们的注意力，看他们能否不受干扰。时间长了，孩子的抗干扰能力也就得到了加强。除此之外，钓鱼、阅读等都能培养孩子的耐性，家长可以通过这些活动来培养孩子养成良好的习惯。

4.教孩子学会放松，排解压力

对于高中生来说，高考就像是悬在头顶的一把剑，带给他们前所未有的压力。在这种重压下，他们很有可能忧虑、担心甚至失眠，进而导致上课时不能集中注意力，影响成绩。

对此，家长要引导孩子学会放松，排解压力。要教他们学会劳逸结合，张弛有度。可以让他们在学习间隙到室外放松一下，或者听听音乐，跟朋友聊聊天。也要告诉他们，不要把高考想得太难，自己尽力就好。最重要的是要让他们保证充足的睡眠和充分的营养，这样他们才能集中精力听课，不容易走神。

除此之外，还要限制孩子看电视、上网的时间，尽量减小外界因素对他们的影响。书桌上不要摆放太多与学习无关的东西，防止他们分心。

孩子做事拖拉怎么办

杨帆是个高二的学生。升入高中以来，学习任务加重，作业也比以前更多了。

杨帆每天写作业都要写到很晚，有时甚至需要熬夜。刚开始时，爸爸妈妈以为是高中的作业多，又不太容易做，所以他才做得慢，这是正常的。可是等到他上了高二，每天还是会在写作业上耗费很长时间，熬夜写作业已经成为家常便饭，有时还会影响第二天的听课。妈妈有些着急了。

经过观察，她发现了杨帆写作业慢的原因：总是喜欢拖拉、磨蹭，明明可以马上就写的作业，总是要拖一会儿才开始做。做的时候又总是分神，一会儿要喝水，一会儿又要换笔。一个小时下来，仅仅做完几道题。

妈妈决定帮他改掉这个坏习惯，她开始监督杨帆写作业。发现杨帆愣神时，妈妈就会催促他快些写，杨帆则争辩说自己是在思考题目的解法。看到杨帆写字写得慢，妈妈又开始唠叨，说他学习不努力，不知道高考的重要性。每当这时，杨帆好不容易才有的思路就被打乱，写得更慢了，久而久之，不仅没改掉拖延的毛病，甚至还产生了逆反心理，写作业时故意写得很慢，拖到很晚。

杨帆写作业时不够专心，习惯拖拉，而妈妈在引导他改正的过程中又过分唠叨和催促，甚至使他产生了逆反心理，拖拉现象更甚。

生活中，很多孩子像上例中的杨帆一样，做事总是磨蹭，效率不高。产生这种现象的原因是多方面的。首先，孩子可能对所做的事缺乏兴趣，不喜欢做，在做的过程中又容易分神，效率自然不高；其次，孩子天性好动，又缺乏时间观念和合理计划，不懂得充分利用时间完成任务，做事时拖拖拉拉。此外，任务过重、过难会让孩子产生放弃的念头，失去信心和动力，导致做事时总是磨蹭很久，到最后才勉强完成。

教孩子学会做事不拖拉、高效完成任务是很重要的。一方面，学会不拖拉能够培养他们的专注力，加快做题速度，提高学习成绩；另一方面，学会办事果断干练能够帮助孩子学会合理安排时间，培养他们的办事能力，这对他们的未来发展和人际交往都是很有好处的。那么，家长该如何帮助孩子改掉拖拉的习惯呢？以下建议供家长参考。

1.任务不要过重、过难

学习任务过重、过难时，有的孩子便会产生逆反心理和逃避心理，"破罐子破摔"，做作业时便拖拖拉拉，很难用心写，速度也就慢了下来。对此，家长应该明白，学习任务过重会挫伤孩子的积极性和信心，使他们变得散漫，没有动力。

所以，在孩子学习的过程中，家长尽量不要给他们添加额外的负担，尤其是学习任务本来就很重的高中生。给孩子布置的任务要在他们的能力范围内，不要做过高要求和期望，否则可能导致他们产生自暴自弃的想法，做题时不用心，效率更低。

2.用一些游戏来培养孩子的时间观念

孩子做事效率不高，喜欢磨蹭，很有可能是缺乏时间观念，不知道时间的意义。所以，家长在日常生活中要有意识地培养他们的时间观念，让他们知道时间就是生命的基本组成，利用好时间是最有意义的事。比如，家长可以与他们来场比赛，看谁在十分钟之内做的家务多，或是写的字多。这样的游戏可以激发孩子的积极性和潜能，让他们知道如果好好把握，很短的时间内也可以完成很多事情。

家长还可以通过给孩子讲些有关的名人故事来培养他们的时间观念，让他们明白，学会利用时间、高效做事是获得成功的重要素质，从而帮他们改掉拖拉的坏习惯，提高办事效率。

3.不要过分看重速度

有的家长发现孩子有拖拉的习惯后便会很着急，觉得孩子不努力学习，便像上例中杨帆的妈妈一样，监督孩子写作业，不时还唠叨几句，催促他们快些写。然而，家长应该明白，孩子的学习不能只看速度，还要看质量。有时由于只是比较难或是刚接触，孩子对知识的掌握和运用不够熟练，做作业时可能会慢一些，这是很正常的。如果这时不断地催促他们，要他们加快速度，可能会导致他们因图快而马马虎虎完成作业，对题目的理解不深入，做作业应付了事，最终导致学习成绩下滑。

因此，在孩子写作业比较慢时，家长不能只追求速度，还要让他们保证作业质量。不要过多催促和责备，让他们按着自己的节奏慢慢提高速度。

检查作业：提高学习能力的重要一步

潇潇今年十五岁，已经上高一了。她生性活泼好动，大家都很喜欢她。不过她做事时却有些大大咧咧，写作业时更是粗心大意，经常犯一些低级错误。

这天，潇潇在写语文作业，妈妈在一旁看着她。不一会儿，妈妈就发现她写了好几个错别字。妈妈本想立刻提醒她，转念一想，觉得还是让她自己检查时发现并改正比较好。没想到潇潇写完后便准备去看电视，并没有检查作业的打算。这时妈妈才有些着急了，她责怪潇潇写作业不细心还不检查，并立即指出了她的几个错别字。潇潇只得马上改正。

从那以后，每逢潇潇写作业，妈妈就会坐在她身旁监督她，并不时指出她的一些错误，让她马上改正。每当这时，潇潇的思路就会被打断，感到很是烦躁，又不得不返回去更正妈妈指出的错误。时间长了，潇潇的做题速度变得很慢，粗心大意的毛病却没有改掉。如果没有妈妈的监督，她还是不会检查作业，总是出错。期末考试中，她的数学因为粗心出了好多错误，差点不及格。

妈妈为了教潇潇改掉粗心的毛病，便监督她写作业并不时指出她的错误，却没有培养她养成自己检查作业的好习惯，导致她出错率仍然很高，做题思路被打乱，速度变慢，甚至影响到了成绩。

其实，很多孩子的作业中都会出错。有时是有错别字出现，有时是计算出错。无论是哪种错误，其原因不外乎以下几种：首先，孩子做题时不够专心和细心，容易在一些基础知识上出错；其次，不少孩子都没有养成做完作业后及时检查的习惯，也就发现不了自己的错误；另外，作业较难，孩子思路匮乏也是作业出错的一个重要原因。

　　孩子的作业总是出错，不仅会影响他们的学习成绩和对知识的把握，还会导致他们养成做事粗心大意的习惯，而这也是责任感不强的表现，将对他们的成长和人际交往造成不良影响。所以，家长要教他们学会完成作业后及时检查，发现并改正自己的错误，提高正确率，同时也提醒自己要细心。以下是一些供家长借鉴的建议。

　　1.让孩子知道不检查的后果

　　孩子没有养成做完作业就检查的习惯，多半是因为没有这种意识，不知道检查作业的重要性和不检查的后果。对此，家长首先应该让他们明白检查作业的意义。比如，可以让他们知道作业总是出错的后果。发现他们作业中的错误时，暂时不要向他们提起，等到他们因此遭到老师的批评或是在考试中失利时再向他们讲明道理，让他们知道检查作业是减小出错率的有效方法，从而产生检查作业的兴趣和意愿。

　　家长还可以给孩子讲一些因粗心出错而酿成大祸的历史事件，让孩子意识到认真仔细、及时检查的重要性，能够自觉养成及时检查的好习惯。

　　2.教他们学会检查作业的方法

　　有时，孩子虽然从老师或家长口中知道了检查作业的重要性，却不了解要检查的内容和检验方法，感到无从下手，也就不会养成习惯。对此，家长应该向孩子详细阐明检查作业的方法以及要检查哪些内容，让他们知道该怎样检查。比如，检查语文作业时，要让孩子把重点放在有无错别字以及语句是否通顺上，还要注意字迹是否端正，是否还可以有所改进；在检查英语作业时，则应注意单词的拼写和语法结构是否出错；而在检查理科作业时，则应让孩子重点检查计算过程和公式的使用，可以让孩子再次计算一遍以验证结果，尤其要注意小数点的位置。

　　需要注意的是，家长应该提醒孩子最好把作业都写完后再去检查。因为如果边写边检查，孩子的思路很容易被打乱，做题速度会受到影响，顾此失彼，影响成绩。

3.不要代劳，让孩子自己检查

不少家长习惯亲自检查孩子的作业，指出他们的错误并监督他们改正。虽然这种方法能较为快速地发现错误，减小他们的出错率，但长期如此，孩子很容易对家长的检查形成依赖，自己却没有养成检查作业的习惯。这对他们未来的学习是不利的。

因此，当孩子对检查作业的具体方法不太了解时，家长可以和他们一块检查，等孩子对此较为熟悉后，家长就要学着适当放手，让孩子自己来检查作业，发现并改正错误，这也有助于培养他们养成独立、细心的好习惯。另外，家长在监督孩子写作业时，不要总是指手画脚，一旦发现问题便责怪、埋怨他们，而是应该让他们在一个安静的环境中专心地写完作业，然后自己通过检查发现问题。如果有解决不了的问题，家长再提供帮助。

4.防止孩子因过度依赖检查而粗心大意

虽然养成检查作业的习惯很重要，但家长要让孩子明白，通过检查发现并改正错误终究是一种补救措施，最能有效避免出错的方式就是在写作业时高度专心，认真仔细。家长要防止孩子把希望全部寄托在检查上并因此在写作业时放松、粗心大意。

家长可以实行奖励措施，孩子写完后检查得越仔细、出错误越少，奖励就越高。这种方法能够激励孩子，帮助他们养成做完作业及时检查的好习惯，又可以防止他们写作业时懈怠、粗心。

错题集是重要的学习资源

铭铭今年上高二，平时学习很用功，老师布置的任务也总是按时完成。可是不知为什么，他的成绩总是得不到提高，一直徘徊在班里的中下游。

最近，老师经常让大家做数学卷子，并把答案也发给了大家，让他们做完后对照一下。铭铭很快就写完了。对照答案后发现自己有好几道题都做错了。他想，反正老师明天也要讲，现在不着急看。于是他便放下作业去看电视了。

第二天，老师在课堂上把卷子讲了一遍，还强调了一些容易错的题，提醒大家注意。听完老师的讲解后，铭铭觉得那些题他都搞懂了，包括自己做错的题。虽然不知道具体错在了那里，但现在他已经知道了正确解法，他觉得如果再让他做一遍，他一定可以做对。因此，他并没在意那些题，也没有把它们重新做一遍，寻找出错原因。

很快，期末考试来临了。考完后老师讲卷子时铭铭才发现，数学有好几道题都是自己做错过的题。由于一直不知道自己错在哪里，所以这次考试中他又做错了，为此丢掉好多分。

上例中的铭铭没有养成总结并整理错题的习惯，没有发现自己容易出错的地方，考试时犯了相同的错误，影响到了成绩。

其实，生活中真正重视错题的孩子并不多。他们一般不明白错题的重要性，对它们并不在意。发现错题时常常是把答案改正或简单地重做一遍，很少去分析出错原因，更不用说把这些题目积累起来以提醒自己。因此，他们的作业或考试中总是经常出现重复的错误，正确率低，学习成绩得不到提高。

学会总结和积累做错的题目是很重要的。有些题目孩子容易出错，说明这是他们的弱势所在，是他们掌握得不好、记得不牢的地方。只有教他们学会认真分析错题，寻找出错的原因，巩固相关知识，总结经验和思路，才能减小他们的出错率，提高学习成绩。所以，在平时的学习中，家长要培养孩子养成及时整理并分析错题的习惯，帮助他们避免重复错误，提高学习成绩。以下建议供家长借鉴。

1.建立错题集

要想帮助孩子很好地整理错题，家长首先应该要求孩子准备一个错题本，积累自己在作业中、试卷中做错的题目。错题本对书写等要求并不高，孩子甚至可

以把做错的题目粘贴上去,只要方便自己即可。不过家长要让孩子明白,做错题本并不是简简单单地把错题抄上去即可,还要在旁边做出批注,分析出错原因,总结做题思路。最好能把错误的解法和正确的解法都写出来以供对比,提醒自己不要再犯同样错误。还应该在错题下面留出适当空白,以供自己下次浏览时写出感悟或补充。

错题本的建立是一件需要长期坚持的事,家长要提醒孩子,经常翻看错题本,总结犯错规律,避免再犯;与同学互相交换错题本并进行交流,互相借鉴,共同提高;如果错题比较多,可以在本上适当做些索引,方便自己查找和阅读。家长还要让孩子明白,错题本的建立也是学习的一部分,不是额外负担,可以有效地帮助他们提高学习效率,减小出错率。

2.整理错题后巩固相关知识

家长要让孩子明白,整理错题的目的是发现自己的知识漏洞并及时弥补。如果只是简单地把错题抄下来重做一遍,却没有回顾相关知识,那错题的整理就是没有意义的。家长要引导孩子分析错题,找出出错原因和易错知识点,并及时加以强化练习。如果不及时加以强化练习,孩子可能还会犯相同错误,影响学习成绩。

孩子发现自己的易错知识点后,要及时翻看课本进行强化,加强理解和记忆。最好能在书上把这些知识点标出来,或是在错题本上写出这些知识点,提醒自己这些地方容易出错,方便自己考前进行复习。

3.典型错题都要记

有的孩子知道错题本的重要性,便把所有做错的题目都写上去,劳心费力,难以坚持,事倍功半;有的孩子则相反,只把自己做错的题目中的一小部分题记在本上,错题本没有充分发挥作用,收效不大。所以,让孩子明白哪些题需要记、怎么记是很重要的。

首先,家长要告诉孩子,并不是每道做错的题目都需要记,应该记那些典型的、经常出错的题目。比如,由于粗心大意导致计算出错的题目就不需要记很多;同一类型的题目选出最典型的记下即可,不需要每道都记,那样做不仅浪费时间,还会让孩子觉得负担加重,容易放弃。

其次，家长要让孩子明白，错题本上的题目来源要广泛。不仅要记作业中和试卷中的错题，还要把老师强调过的易错题目总结出来，并积累到本上。整理的时候要尽量细致，方便自己复习。

4.不要钻牛角尖

有的孩子喜欢做偏题、难题，常常在这些题目上花费很多精力，还会把这些题目整理到错题集上。做这些题目虽然能拓宽视野，但如果因这些题而钻牛角尖，耗费过多时间，则有可能导致他们基础知识掌握不牢，像"空中楼阁"般不坚实，并且在考试时容易犯低级错误，因小失大，得不偿失。

因此，在孩子建立错题集的过程中，家长要提醒他们，不要在过难、过偏的题目上浪费太多时间，做不对就放弃，不必把它们都写到错题本上。要重点记那些考查基础知识的、经常考到的易错题目，这样的错题集才会对学习有所帮助。

提醒孩子抓好基础知识这个宝

李伟今年十七岁，是个高二的学生。他从小就很聪明好学，尤其喜欢学习数学，很多同学都不会做的题他都能做出来，大家都很佩服他。

升入高中之后，课程逐渐变难，需要掌握的东西也越来越多。大家都觉得学起来比以前吃力多了，李伟也发现自己不会做的题目越来越多。他觉得不能这么下去，下决心要把那些难题做出来，让大家看到自己的实力。于是，他经常在一些大家都不太会做的题目上花费很多时间，有时老师都说不必深究的题目他也要钻研很久，直到做出来为止。当他做出来得到老师的表扬和同学的羡慕后，心里别提有多高兴了。

渐渐地，李伟养成了一个习惯，他很少看书，总是听完课后就做题，而且只做一些附加题或扩展题，对于考查基础知识的题总是不屑一顾，觉得那太简单了，根本没必要做。做题前他只把书上的公式匆匆看一遍就不

管了，有的知识并没理解透彻。期末考试时，他惊讶地发现，虽然那些题都是考查基础知识的，可自己竟然有很多都做不出来，好几门课都差点不及格。

上例中的李伟出于虚荣心等因素，不重视基础题目，只做偏题、难题，希望以此显示自己的出众，结果却导致基础知识不过关，成绩不理想。

其实，不少孩子都像李伟一样，喜欢在一些偏难的题目上绞尽脑汁，甚至钻牛角尖，却因此忽视了对基础知识的掌握，眼高手低。究其原因，不外乎以下几种：有的孩子认为基础题过于简单，看完课本后就没必要再做了，因此喜欢把时间和精力花费在比较难的题目上；有的孩子在虚荣心的驱使下，想要通过解出难题来显示自己的聪明和出众，获得优越感；还有的孩子则不知道哪些知识是基础和重点，"眉毛胡子一把抓"，基础不扎实，成绩受到影响。

对此，家长应该让孩子明白，基础知识才是学习的重点和根本，只有很好地掌握了基础知识，打好基础，才能进一步理解扩展知识，形成系统的知识结构，做到熟练掌握和运用，提高学习成绩。否则就有可能导致孩子好高骛远，基础不扎实，一些简单的题目也很容易出错，成绩得不到提高。那么，家长该怎样让孩子明白基础知识的重要性并做到扎实掌握呢？以下是一些相关建议。

1.看课本时把重点放在相关概念及公式上

要想让孩子扎实地掌握基础知识，首先就要教他们学会把握课本上的重要基础知识。家长要提醒孩子，预习时要把重点放在课本的阅读上，尤其是一些相关概念，而那些扩展知识则不需要花费太多精力；上课听讲时，要把老师重点讲解的那些知识在课本上标注出来，便于自己理解和复习；下课后要再一次翻看课本，搞懂自己预习时没想明白的那些知识点，还要重点理解课堂上自己标注的部分，那些都是重要的基础知识。

家长还要提醒孩子，课本上的知识并不是都需要认真阅读并理解的，有的扩展知识、延伸知识不需要耗费时间，尤其是小字部分，更不必太在意。真正重要的基础知识是那些老师重点讲解的、与章节题目紧密联系的、是做题的基础的那些知识。

2.不以做偏题、难题显示自己

有的孩子像上例中的李伟一样，觉得把别人不会做的题做出来会让大家觉得自己聪明，获得羡慕和佩服。其实，这是一种典型的虚荣心理。家长要让孩子明白，会做难题并不是聪明的表现，学习中不应该有这样的虚荣心。而且要告诉他们，真正优秀的学生是那些懂得哪些知识是应该重点掌握的，并能打好扎实基础，踏踏实实学习的学生。只有掌握了基础知识，做题时才能得心应手。

在孩子做练习题时，家长要提醒他们，不要轻视那些考查基础知识的题目，发现有自己掌握得不好的知识时要及时翻看课本进行复习巩固。在此基础上再去做难度较高的题目，提高实力。

3.复习时要把重点放在课本上

不少孩子都有过这样的经历，复习时把重点放在了做练习题上，没有系统地复习课本上的相关知识点，考试时才发现自己有不少知识不会或忘记，结果成绩不理想。对此，家长要让孩子明白，即使是复习理科科目，也应先把课本上的基础知识回顾一遍。只有先把这些知识理解了，才能做到熟练地做练习题。

家长可以教孩子这样复习：先把课本上的知识过一遍，再通过做练习题来巩固提高，然后就自己掌握得不好的地方进行重点复习，翻开课本找到这些知识点，深入理解。只有这样，基础才扎实，考试时才不会遇到盲点。

4.慎选、慎用辅导书

为了提高孩子的学习成绩，很多家长都会给孩子买一些参考书。然而这却有可能导致孩子因钻研参考书上一些过难的题目而钻牛角尖，忽视课本上的基础知识。因此，不管是为孩子挑选参考书还是教他们使用，家长都要慎重。

首先，在为孩子挑参考书时，家长要尽量选择与孩子课本相配套的、适合孩子的书，不要买那些孩子不容易理解的书，也不要买太多辅导资料；其次，在孩子使用辅导书的过程中，家长要提醒他们，辅导书只是一种辅导资料，重点和根本仍是课本上的基础知识，千万不要只顾做辅导书上的练习题而轻视课本上的基础概念和知识。

强化孩子的强项科目

小科今年上高三，性格活泼，成绩优异，是个刻苦努力的好学生。尤其是物理，这门很多同学都学不好的课程却是小科最擅长的科目，每次他都能考出很高的分数。

可小科有个明显的弱点：做题时比较马虎，有时甚至会把题看错，计算过程中也总是出错。为此，他丢掉不少分数。他虽然觉得丢掉分数很可惜，却并不是很在意这个缺点，认为下次考试时认真仔细点就行了，不需要专门花时间去纠正。

随着高考的临近，老师对大家的要求也越来越高，经常提醒大家不要偏科，要赶快提高自己弱势科目的成绩。小科的弱势科目是英语，他决定要重点攻克英语。于是，每天写完作业后他都会花较多时间复习英语。做物理题时，他觉得这是自己的强项，用不着花太多时间，很多题目都是看完题有了思路就觉得可以了，很少一步一步去算。

模拟考试中做物理题时，小科发现自己的计算速度很慢，有几道题甚至都没来得及做。等发下卷子后他又发现，虽然自己的方法是正确的，却由于计算错误丢掉很多分，物理成绩下降不少。老师和同学都很吃惊。

上例中的小科虽然擅长学习物理，却没及时改掉粗心大意的毛病，导致成绩下降，优势没能保持。

生活中，不少孩子都存在着与小科类似的问题，强科中的弱项不能及时弥补，优势科目不能保持。产生这种现象的原因主要有以下几种：一方面，孩子可能没有对自己的强科或试卷做过分析，不知道自己的丢分点和弱势在哪里，也就无从提高；另一方面，很多孩子都会在自己的弱势科目上花费很多时间，觉得自己的强项科目已经学得很好了，不需要再多加注意，对那些弱点也不太在意，甚至忽视了基础知识，由此导致强项科目成绩得不到提到，甚至转为弱势。

其实，对孩子来说，完善强项科目与强化弱势科目是同等重要的。只有发现并弥补自己的弱势，才能突破瓶颈，保持并提高自己的强科成绩，为强化自己的弱势科目留出更多时间和精力，做到全面发展。因此，家长要教孩子学会重视强项科目中的弱势并着手提高。以下是一些供家长借鉴的相关建议。

1.根据试卷分析丢分原因，找出弱势

要想提高强项科目的成绩，首先要做的是找出自己的弱点。家长可以教孩子通过分析试卷来完成这项工作。先找到自己强项科目的卷子或作业，重点分析那些做错的题目，想想当时为什么会做错，是不是相关知识掌握得不牢固，或是其他原因。找出原因后再对症下药，纠正缺点，提高成绩。

家长还要提醒孩子，针对这些强项科目中的弱点，可以专门准备一个本子，在上面记下经常出错的题目并分析出错原因、自己掌握得不好的知识以及自己在考试时常犯的一些错误，比如时间安排不合理、粗心大意等。这样就能对孩子起到提醒作用，减少他们的出错率，帮助他们进一步提高强项科目成绩。

2.做题时要一步一步算，不能轻视解题过程

有的孩子有这种习惯：看完题目后有了解题思路，便觉得自己会做这道题了，于是便跳过，去复习其他科目了。尤其是在一些自己比较擅长的理科科目上，孩子更容易放松。殊不知，有很多问题是在做题的过程中才能发现的，并不是有了思路就能把题目完全做对的。长期如此，不仅会导致解题速度下降，还会造成计算粗心大意、自己却又发现不了的结果，使孩子在考试中丢掉不该丢的分数，成绩下降。

家长要提醒孩子，即使是自己擅长的科目，做题时也要踏踏实实做，一步一步来，千万不能觉得有了思路就可以放下不做。在平时的学习中，要通过多做题来提高自己的解题速度，使自己更认真仔细，从而保持并提高优势科目的成绩。

3.勤翻课本，不能忽视基础知识

对于自己较为擅长的科目，很多孩子都有这种想法：自己学得已经够好了，题都会做，说明不用看课本了。其实，之所以学得好，就是因为他们的基础比较

牢固。如果不经常翻看课本以巩固基础知识，他们很可能因基础知识掌握不扎实而导致犯低级错误，丢掉分数，强势变弱势。

因此，家长要教孩子明白课本知识的重要性，要提醒他们认真听课，把握重点，经常翻看课本以巩固知识。在考前复习时尤其要注重对课本的复习，要把知识点都过一遍，以防遗漏和出错。只有这样，才能让强项科目的基础更扎实，成绩得到提高。

4.对照高考大纲复习

除了上述的方法外，家长还可以教孩子通过对照高考大纲来发现自己优势科目中的不足并及时弥补。高考大纲是高考试题的重要依据，对其进行深入理解不仅可以让孩子巩固基础知识，还可以让他们对要考的知识有较为清楚的认识和全面的复习。

对照高考大纲进行复习时，可以让孩子先试着通过大纲回顾所学知识，如果记不起来就赶紧翻看课本进行复习，并做出标注。家长要告诉孩子，这些知识便是他们优势科目中易遗漏或出错的知识点，要对它们进行重点理解和记忆。只有这样，才能强化优势科目中的不足，提高强项科目的成绩。

让孩子把知识点串起来

凯乐今年十六岁，已经上高一了。自从升入高中以来，又多又难的课程总是让他觉得学起来很吃力，成绩也一直徘徊在班里的中下游。

凯乐最不擅长的学科是物理和化学。学这两门学科时，他发现自己总是学了就忘。比如说化学，刚学了化合物的分类，上一章化合物的组成他就给忘了。物理也是如此，就算是联系很紧密的内容，他也是"狗熊掰玉米"，不懂得将有关的章节内容串起来学，总是学什么就只看什么，不会去联想之前学过的内容。

这天，化学老师组织了一场随堂测验，带着大家一起复习最近学过的两章内容。凯乐发现有好多题自己都不会做，知识点也忘了不少，测试题做得很糟糕。老师对此感到很奇怪，明明这两章内容联系很紧密，学的时候还需要经常回顾上一章的内容，怎么凯乐就做得这么差呢？老师提醒凯乐要注意学习方法，不要死记硬背，应该在学习的过程中不断联系学过的内容，把知识点串起来，这样就会提高效率。

凯乐听从了老师的建议，平时的学习中总是试着把相关知识联系起来理解和记忆。很快凯乐的学习效率就提高了，知识也掌握得更扎实，理解更深入。期末考试中，他的成绩提高不少。

上例中的凯乐学习时不注重知识点的衔接，没有养成把知识串联成整体的学习习惯，导致知识理解不深入，成绩不高。听从了老师的建议后，他对学习方法进行了改进，把知识联系起来学习，提高了学习效率，成绩也取得了进步。

生活中，很多孩子在学习时都不会把学过的知识点串成整体来理解和记忆，学什么就只想什么，不懂得联系和比较相关知识点，导致学起来很是吃力，效率不高，成绩不容易得到提高。究其原因，主要有以下几种：首先，孩子没有养成串联知识的意识和习惯，学的时候也就不会想到把知识点联系起来；其次，有的孩子平时不注重对知识点的复习，考前才会进行突击复习，他们当然也就不会注意到各章节知识间的联系。

把相关的知识点串起来学，不仅可以帮助孩子全面复习所学知识，还能让他们对知识的理解更深入，更容易记住，学习效率更高，成绩很容易得到提高。所以，在平时的学习中，家长要培养他们这种意识，让他们在学的过程中自觉地联想相关内容，形成完整的知识体系，从而提高学习效率和成绩。以下是一些供家长借鉴的建议。

1.学的时候要联系和比较学过的章节

要想教孩子学会把知识串起来学，首先要在平时的学习中培养他们的联想能力。在孩子预习时，家长要提醒他们，在理解新知识的过程中要回顾学过的相关知识，看其有何联系。这样做不仅能帮助孩子对学过的知识进行复习，还能让他

们深入理解新的章节。家长还要提醒孩子，在听课的过程中也要联想老师之前讲过的内容，寻找其联系。听完课后要再次翻看课本，可以看看目录，看所学知识与之前的章节之间有何关系，对其做出回顾和总结。

2.做题时要举一反三

家长要提醒孩子，做作业或其他练习题目时，不仅要联系本章节所学知识，还要回顾学过的相关知识，想想用它们能否把题解出；在做出一道题目后也要进行联想，看以前是否用同样的方法做过题，为什么可以用同样的方法，这些知识之间有什么联系等。这样不仅可以让孩子复习学过的知识，还能让他们把知识点串起来，运用起来更加熟练，思维也得到扩展，做到举一反三。

家长可以教孩子准备一个本子，把那些可以一题多解、多题一解的题目都记下来，并详细写出其解题思路和相关知识点。这样可以帮孩子更明确相关知识点之间的联系和区别，理解得更深入，记忆起来也更容易。

3.复习时对照目录做知识结构图

在孩子复习的过程中，家长可以教他们通过做知识结构图来全面复习知识。首先让他们阅读目录，回顾相关知识。然后对那些知识点进行分类和总结，比如与化合物有关的就归为一类，再进一步画出网状知识结构图，尽量涵盖所有知识点。这样各章节的知识就串联起来，一目了然，方便复习和记忆。

需要注意的是，复习时并不是画出知识结构图就可以，还要对理解不太透彻的、比较重要的知识进行重点复习，翻开课本，重新阅读和理解，并在课本上做出标注。只有这样，才能防止遗漏知识点或理解出错。

4.点辐射法——从核心词入手

除上述方法之外，还有很重要的一种方法——点辐射法。家长可以教孩子从一个核心词入手，联想所有能想到的与其有关的知识并写下来，这样就把各章节的知识点进行了串联。比如在复习生物课程时，就可以从"蛋白质"这个关键点开始，联想与其有关的知识，比如其组成元素、性质、作用以及发展形势等。这样就能相对全面地复习到与此关键点有关的知识，并找出其联系。

在此过程中，同样要注意避免遗漏知识点。在寻找关键词时要尽量包含所有重难点和基础知识，联想后要查看课本，看是否有与此有关的知识点被遗漏。此外，还要注意对与关键词无关的知识点进行巩固和复习。

死学只会让孩子的成绩更糟糕

雯雯今年上高一，是个刻苦努力的孩子。可她的成绩却并不理想，总也得不到提高。

听老师讲课时，雯雯总是很认真，会尽量把老师讲的都记在笔记本上，有时甚至会因为记笔记耽误听课，跟不上老师的节奏。复习课本时，她总是把课本上的知识一字不落地浏览一遍，遇到理解不了的也不去请教别人，而是自己努力背下来。老师布置的作业她总是按时完成，不会做的题目就在老师讲解时把解题过程写下来。

每当快考试时，雯雯就会开始紧张地复习。她把每天的时间表都排得很满，基本没有供自己休息放松的时间。复习时，她会先把课本看一遍，尽量把所有知识点都背下来，尤其是没有理解的那些，更是花了很长时间去背。然后她便会采用"题海战术"，做很多题来巩固知识，有时明明是同一类型的题目她也会重复练习，却不注意总结解题方法。遇到不会做的题就把解题步骤背下来。

考试时雯雯发现，很多题目她都知道在考查什么知识点，却由于并没有真正理解，所以也就不会运用，题目就没做出来；还有不少题虽然在复习时做过类似的，但当时并没有把它的解题思路搞明白，只是背了一些解题步骤，题干一换还是不会做。她的成绩依旧不理想。

雯雯采取的学习方法显然是一种"死学"，虽然付出了很多时间和精力，但是并没有真正理解所学知识，也没做到灵活运用，效率不高，成绩不理想。

其实，像雯雯一样虽然刻苦学习却见效不大的孩子并不在少数，他们往往认

真听课，按时完成作业，是老师眼中的好学生。然而，他们不懂得总结学习上的规律和经验，不能做到灵活学习和运用，常常是死记硬背，很多知识并没有真正理解，导致学习效率不高，成绩也很难取得进步。

所谓"死学"，就是指在学习的过程中，不注意技巧和方法，不能真正理解知识，也不懂得把它们运用在所做题目中，复习时往往是死记硬背。这样的学习方法不仅耗时费力，效率不高，成绩也难以得到提升，长此以往，还会让孩子觉得学起来很吃力，挫伤他们的积极性，甚至会让他们失去信心。这样的学习导致他们不懂得寻找规律和提高效率，对他们的成长和未来也是不利的。因此，家长要注意防止孩子采取这种"死学"的方法。以下建议供家长参考。

1.先理解再记忆，不要死记硬背

首先，家长要让孩子明白，记忆的基础是理解。只有真正理解了知识，才能学会运用，记忆也比较容易。不管是平时的学习还是考前复习，都要让孩子先静下心来，深入理解所学知识点。预习时要找出自己不明白的地方并做出标注，以供自己上课时重点听讲；听老师讲课时，并不需要把老师说的每一句都记下来，只要记下老师重点强调的、课本上没有的内容即可，最重要的是要紧跟老师的思路，防止走神；下课后要及时翻看课本进行复习，尤其是那些重要的知识点，不懂的就要向老师或同学请教。

家长还要提醒孩子，复习并不是考前才需要进行的，平时的学习中要经常回顾学过的知识。如果考前才开始复习，很容易导致孩子在仓促的时间里只死记硬背知识点以应付考试，却难以做到真正理解并学会运用。

2.在实验和练习中灵活运用所学知识

家长要让孩子明白，对知识的掌握并不是理解即可，更重要的是要学会对知识的运用，只有这样，考试时才能迅速读懂题意，明确考查内容，得出解题思路。因此，在平时的学习中，家长要教孩子把知识运用到实验和练习题中。做实验时，想想实验步骤为什么要这么安排，联系所学知识解释实验现象和结果。这样不仅能加强孩子的动手能力，还能加深孩子对知识的理解。做作业时，读完题目后要想想题目考查的是哪些知识点，应该用什么方法来解决，解题时要注意什么，从而做到灵活运用。

3.举一反三，杜绝题海战术

不少孩子都有过这样的经历，考前复习时做了很多题目，试卷上也的确出现了类似的，却还是不会做。究其原因，就是他们采取了不当的"题海战术"。虽然做了大量的题目，却不注意总结经验与方法，没能真正掌握，遇到类似的题目时还是不会。

家长要告诉孩子，不要盲目采取题海战术。在做题的过程中，要注意对解题方法进行总结，做到举一反三，同一类型的题目不必重复，做几道然后真正理解了即可。同时还要注意积累错题，把自己经常出错的题目总结起来，分析出错原因，提醒自己别再犯相同错误。这样不仅节省时间和精力，还能让孩子对题目的理解更深入，解题时更熟练，学习效率得到提高。

4.劳逸结合

每当考试快来临时，很多孩子便会很紧张，生怕自己考不好，便一头扎到书堆里，整天都在复习，不去休息和放松。这样的学习往往会导致他们效率不高，容易走神，虽然付出了很多时间却并没有掌握多少知识。久而久之，还会失去对学习的兴趣。

家长要教孩子学会劳逸结合，在复习的过程中学会放松。可以教他们在复习间隙出去散散步，或是望望远方和天空，做做眼保健操，既保护视力又让大脑得到了休息，学起来效率会更高。还可以教他们适当变换科目来复习，以缓解疲劳，提高复习兴趣和效率。

以往试卷是最好的复习资料

小君和璐璐是好朋友，两人今年都上高二了，还被分在了同一个班里。虽然两人平时学习都比较用功，但小君的成绩总是不如璐璐好，这让她很是疑惑。

期中考试就快要到了，大家都开始了紧张的复习。小君也开始翻看课本进行复习。这时她突然发现璐璐在看一个本子，上面写了不少题，还有很多是直接从卷子上剪下来粘上去的。这显然不是笔记本。璐璐告诉小君，这是她的错题本。每次考完试，她都会把卷子拿出来仔细分析出错原因，还会把那些题抄到本上。下次考试前她就会把本子拿出来，把那些题目重新做一遍，提醒自己不要再犯同样的错误。

小君对此却不以为意。她觉得考过的题肯定不会再考到，那些错误也就不会再出现，这样的复习是没效果的。于是，她还是按照自己的计划进行复习，先看课本，然后做了大量练习。

考完后，小君发现自己的成绩依然不如璐璐。璐璐则告诉她，试题中有些题型以前考过，有的题目还是她做错过的。由于在考前重做了上次考试中的错题，所以她的印象很深刻，做题时格外注意，没再犯一样的错，成绩也就比较高。这时小君才发现，不少题目她以前也做错过，这回还是做错了。

小君没有像璐璐一样总结做过的试卷，没能复习到那些做错的题目，考试时又犯了相同的错误，成绩得不到提高。

不少孩子都有着与小君一样的想法，觉得考过的题目肯定不会再考，做过的试卷也就没有必要再翻看，考完后也不会对试卷进行分析和总结。这往往导致他们在考试时经常犯以前出现过的错误，正确率低，成绩总是得不到提高。

其实，学会总结做过的试卷并在考前进行复习是很重要的。首先，虽然考试中不会出现与之前的考试中一模一样的题，但很可能出现同一类型的题目，所以通过重做做过的试卷能帮着孩子复习相关题型，考试时更加熟练；其次，出错的题目往往都有一定的共性，是自己的易错点，复习这些题目能让孩子知道自己在哪些地方容易出错，提醒自己不要再犯。除此之外，复习做过的试卷还能帮孩子复习相关重点、难点知识，考试时做到得心应手。因此，家长要教孩子学会分析总结试卷，并在考前进行复习。以下是供家长借鉴的相关建议。

1.对试卷进行分析总结，积累错题

家长要培养孩子养成这样的习惯：每次考完试后都要认真回顾试卷，尤其是那些做错的题目，想想当时为什么会做错，现在会做了没有，然后做出分析和总结，并把这些题目都写到错题本上。不仅如此，还要针对这些题目复习课本上的相关知识，并在错题本上进行标注，写出出错原因和做题思路，以方便自己考前进行复习。

在错题本上进行总结时，要注意按照题目类型或出错原因对题目进行分类。同一类型的题目不必写太多。这样做能让孩子对自己的易错点一目了然，帮助他们举一反三，避免再犯相同错误。正确率提高了，成绩也就取得进步了。

2.根据老师的讲解和与同学的交流，对错题本进行补充

对试卷进行分析并整理错题后，还应对此进行进一步的补充。可以与同学进行交流，看他们的解题方法是否与自己相同，总结他们的经验，并将这些方法积累到错题本上。这样做可以加深孩子对知识的理解，扩展他们的思维，使孩子能够举一反三，做题更熟练。

除此之外，还要认真听老师对卷子的讲解，把老师强调的重点、难点和提供的解题方法都写下来，认真理解，并在考前进行复习。

3.考前做些与试卷上类似的题目

除了总结和重做错题外，还应通过做些与试卷上考题类似的题目来进一步复习。复习时，家长可以让孩子先把做过的试卷做一遍，然后查找资料和题库，看哪些题目曾经出现过，要把这些题认真做一遍。这些题目一般都是易考点，通过多次练习可以帮孩子提高考试成绩。

除此之外，家长还可以教孩子把上一届同学的对应阶段的试卷拿来做一遍。这样不仅能帮助孩子复习知识，还能扩宽他们的视野，让他们见识更多的题型，考试时做到胸有成竹，不会因遇到没见过的题型而丢分。

4.对照课本上的重点、难点复习以前的试卷

家长要提醒孩子，虽然利用做错过的题目进行复习很重要，但并不是说其他知识就不需要复习了。有的题目虽然孩子之前做对了，但也有可能并未完全掌握，况且还有可能遗忘，所以考试时仍然容易出错。这就需要孩子对照着课本内

容来复习试卷。尤其是老师反复强调的重点、难点知识，一定要在试卷上找到对应的题目，认真做一遍并进行总结。还应从其他资料上找些相关题目来练习，以帮助自己理解、巩固重点和难点知识，提高考试成绩。

　　需要注意的是，家长要避免孩子因过度依赖试卷复习而忽略课本上的其他知识点。以前的试卷虽然是很重要的参考资料，但毕竟不可能涉及每一个知识点，如果只依靠它们进行复习，很容易遗漏知识点。所以，家长要提醒孩子，在复习的过程中，不仅要复习试卷，还要复习课本上的基础知识，并回顾相关作业题，做到全面复习。

为孩子挑选合适的辅导书

　　小宇今年十五岁，已经上高一了。自从升入高中以来，爸爸对他的学习格外重视，给他买了很多辅导书。

　　每天晚上写完作业后，小宇都要拿出爸爸给他买的参考书，完成爸爸布置的任务。首先他得把参考书上的知识点过一遍，然后还要拿出另一本参考书做相关习题。几乎每一门学科他都有参考书，有的学科还不止一本。

　　这天，爸爸又给他拿来一本辅导书，说是向小宇的表哥借的复习资料。小宇告诉爸爸这书不一定与自己的教材配套，爸爸却认为配不配套不要紧，多读些资料可以扩宽他的知识面，对高考有利。小宇只得收下。

　　渐渐地，小宇有些坚持不下去了。每天他都要花很长时间看辅导书，还要做上面的练习题。有时他还得熬夜，甚至连第二天的功课都来不及预习。睡眠不足导致他上课时经常犯困，课也听不进去，参考书就更看不懂了。爸爸则认为他这是想偷懒，就更加严厉地监督管教他，让他好好学习辅导书上的知识，尤其是一些比较难的题目，一定要让他做出来。期末考试时，有不少基础题小宇都没答出来，他的成绩下降不少。

　　小宇的爸爸为了帮他增长知识，提高成绩，就给他买了很多辅导书让他学习，有的甚至与教材不配套，导致他耗费了很多时间和精力，收效却不大，还影响了上课和对课本知识的把握，成绩也开始下滑。

　　很多家长为了提高孩子的成绩，都会给他们买一些参考书来辅导他们的学习，却经常像上例中小宇的爸爸一样，不但没有帮到孩子，反而导致孩子成绩下降。究其原因，主要有以下几种：首先，有的家长对孩子的课程和进度不了解，给他们买一些与教材不配套的参考书，影响到学习进程；其次，有的家长对孩子的要求过高，迫切希望他们提高成绩，于是给他们买很多难度偏高的辅导书让他们看，导致孩子耗费过多时间，甚至影响了对基础知识的把握，得不偿失，成绩不升反降。

　　因此，学会为孩子挑选合适的教辅书是很重要的。一方面，这些教辅书能帮助孩子深入理解课本知识，更好地把握重点和难点；另一方面，参考书上的习题可以让孩子见识到更多题型，解题思路得到扩展，解题能力提高。除此之外，合适的参考书还可以适当补充老师的讲解，提高孩子的成绩。那么，家长该如何教孩子学会挑选适合自己的教辅书呢？以下建议供家长参考。

　　1.为孩子挑选与教材配套的参考书

　　合适的参考书首先应该做到与教材配套。在为孩子挑选参考书时，家长应该从出版社、大纲目录、课程安排等几个方面来筛选，尽量选这些内容与教材相同的辅导书。最好选择与教材是同一个编者或同一系列的书，这些书除了可以加强孩子对课本知识的理解外，通常还配有课本上习题的讲解和答案，能帮孩子理解习题。

　　除此之外，家长还可以为孩子买老师或同学推荐的那些教辅书。得到大家推荐的教辅书可能比其他的要更适合孩子，而且还可以让孩子与同学交流与参考书有关的知识，共同学习和进步。

　　2.根据孩子的个性和学习进度来选择

　　不同的孩子个性不同，对辅导书的选择也应不同。家长在为孩子挑选辅导书时，应该充分考虑到孩子的性格、习惯。比如有的孩子喜欢看彩色的图画，家长

就应为他们买些较为形象、色彩鲜艳的参考书；有的孩子则倾向于通过文字来理解知识，家长就可根据这一点为他们选择。不过，不管是什么参考书，都要保证重点突出、详略得当、井井有条。

此外，孩子的学习进度也是挑选参考书的一个重要依据。初学阶段，家长应为他们挑选有对教材知识进行详解的辅导书，以帮助他们打好基础；而到了总复习阶段，孩子则需要进一步的提高，这时家长就应给他们买些练习题比较多，又指出了重点、难点知识的辅导书，帮助他们把握重点、难点，提高解题速度和水平。

3.辅导书不可太多、太难

不少家长为了让孩子的成绩得到充分提高，便给他们买来很多难度高于其能力的教辅书让他们看。这些又多又难的书会让孩子付出很多时间和精力，甚至影响睡眠，进而导致对课本的预习不能正常进行，第二天听课效果也不好。长期如此，孩子连课本上的知识都不能很好地掌握，更不用说那些又多又难的辅导书了。于是孩子对学习失去兴趣，成绩也随之下降。

因此，家长要注意不要给孩子买过多、过难的参考书，要避免挫伤他们的积极性。在挑选参考书时，不要买那些超纲内容比较多的书，要买孩子接受能力范围之内的辅导材料。而且每一科有一本就足够了，不要买太多，孩子学得比较好的学科不买参考书也可以。

4.避免孩子过度依赖参考书

虽然教辅书能帮助孩子理解课本知识，提高学习成绩，但家长要让孩子明白，教辅书只是一种辅导资料，课本才是核心，要防止他们本末倒置，过于依赖辅导书，甚至脱离课本。平时要让他们先复习课本，并且把课本上的习题做完后再看教辅书，而且不能耽误预习；复习时要让他们重视课本知识，不能只依靠辅导书上的重点、难点摘要，应该要先把课本上的知识过一遍，打好基础。

请好家教很重要

瑶瑶今年十五岁，是个高一的学生。升入高中以来，大家都意识到了高考的重要性，对学习越来越重视。

自从开学以来，瑶瑶一直没能习惯高中课程的安排，学起来有些吃力，经常跟不上老师的节奏。爸爸妈妈为此很着急。看到别的家长都为孩子请家教，有的还请了好几门，爸爸决定也给瑶瑶请个家教，辅导她的物理和数学。瑶瑶觉得自己只是还没适应，过一段时间就好了，没有必要请家教。爸爸却不以为然，还是坚持给她请来了家教。

瑶瑶的家教老师很严格，每天都会检查她在学校的学习成果，然后给她进行详细的补充和解释。不仅如此，还经常给她扩展一些知识，虽然那并不在高考大纲的要求之内。除此之外，老师还给瑶瑶布置了不少作业，这让瑶瑶有些吃不消：学校里的课她已经快跟不上了，还要做这么多作业。

时间长了，由于花在听家教老师的讲解上的时间太多，学校里布置的作业她常常写不完，周末也得听家教老师讲课，不能出去玩，这让她觉得学习生活很是紧张，得不到放松，渐渐地失去了学习兴趣。而且她上课也开始走神，却一点也不担心，她觉得反正有家教老师给自己讲，学校里听不听不重要。渐渐地，她的成绩开始下降了。

上例中的瑶瑶虽然觉得请家教没必要，却只能在爸爸的要求下花很多时间听家教老师讲课，甚至因此耽误了写作业和预习，还对家教老师产生了依赖心理，忽视了课本知识和课堂听讲，导致成绩下降。

生活中，不少家长都像瑶瑶的爸爸一样，为了提高孩子的成绩，便给他们请

来家教老师辅导他们的学习。但不少孩子的成绩却是不升反降。原因就在于家长请家教时没有考虑孩子的学习情况和性格因素。有的家长从众心理强，又迫切希望孩子提高成绩，看到别的家长请家教就马上效仿，却不考虑孩子到底有没有请家教的必要，哪些学科需要请家教；还有的家长则不考虑孩子的个性，导致他们不适应家教老师的讲课方式，效果并不理想。

只有为孩子请到适合他们的家教，才能帮助他们理解课本知识，提高解题能力，改进学习方法，提高学习成绩。否则不仅不能帮到孩子，还有可能导致他们在学校的学习受到影响，耗费过多时间和精力却收效甚微，成绩得不到提高，事倍功半。那么，家长在请家教时应该注意哪些事项，又该考虑孩子的哪些情况呢？以下建议供家长参考。

1.根据孩子的学习进度以及不同科目的学习情况请家教

要想帮助孩子提高成绩，家长首先要保持理智，不要因为别人都请家教，就盲目从众，给孩子带来不必要的负担。请家教之前，要跟孩子以及学校里的老师进行交流，看孩子哪几门学科学得不好，原因是什么，有没有必要请家教，然后再做决定。如果孩子只是暂时不适应，那就不必为孩子请家教，先让孩子自己探索一段时间，找到适合自己的学习方法。不要把家教老师的课排得太满，要给孩子留出放松的时间，否则容易让他们失去对学习的兴趣。

在为孩子请家教时要有针对性，根据孩子的弱势学科对家教老师做出要求：他们应该擅长这些学科，并能帮着孩子改进学习方法。最好能让家教老师的讲课与学校老师同步进行，这样能帮助孩子更好地理解知识。

2.根据孩子的性格特点请家教

请家教时不仅要考虑孩子的学习情况，还要针对他们的性格请合适的家教老师。因为个性会影响孩子与家教老师的相处，进而影响他们的接受程度和学习效果。比如对于较为内向、沉默寡言的孩子，就应该为他们请一个善于与人交流的老师，能与孩子进行很好的交流，了解他们在学习上的问题和困难，讲课具有针对性。

家长要尽量为孩子请一个耐心较好的家教老师。只有这样，他们才能不厌其烦地给孩子讲解他们不明白的知识，耐心地等待他们取得进步。如果孩子跟不上家教老师的节奏，他们很容易对学习失去信心，成绩得不到提高。

3.经常和家教老师交流，调整和改进方法

家长要明白，并不是给孩子请来家教老师就万事俱备了。在老师教课的过程中，家长要经常和老师交流，让老师根据孩子的情况对讲课方式和内容做出调整和改进。因为随着老师对孩子的了解加深和孩子的变化，老师的讲课方式和节奏也应做出配合，否则就容易造成孩子对听课没兴趣或跟不上老师的节奏，导致见效不大。

家长可以向老师了解孩子每天的听课情况和接受快慢，并结合学校老师对孩子的评价给家教老师做出相关建议，让他的讲课更容易被孩子接受，能更快地帮助孩子提高成绩。

4.防止孩子过度依赖家教老师

家长要注意防止孩子过度依赖家教老师。有的孩子有这样的心理，反正回家后有家教老师给我讲课，学校里听不听无所谓。家长要告诉他们，家教老师的讲课只是对学校里课程的补充，不可能替代学校里老师的讲课。要让他们明白，要以学校里的学习为主，尽早取得大的进步，直至可以不必请家教。还要叮嘱他们认真完成学校布置的作业，积极参与同学间的讨论和交流。

家长可以采取有了进步就奖励的方法来鼓励孩子。当孩子在学习上取得进步时，要表扬并奖励他们。这样做可以防止孩子因过度依赖家教老师而忽视学校的学习。

做透真题才是王道

梅梅是一名高三的学生，每天老师都会布置很多作业，基本都是高考真题。为了训练同学们的做题速度，老师特别要求大家在做题的时候要注意思路和解题技巧，不要盲目地下笔，不要用最麻烦的解题方法。

但梅梅总是达不到老师的要求，"梅梅，你的这种方法太浪费时间了，以后要注意解题技巧，下笔之前多想想再做，不然你做了这道题导致其他题做不完，就相当于这道题失分了。"数学老师看了梅梅的一道数学题的答案后对梅梅说。

"老师，我也想用最快的方法做出来，但是总是想不到您讲的那种思路，我该怎么办？"梅梅问道。

"你最好总结一下老师布置过的所有的真题的解题思路，不要贪做题的数量，要追求质量，要吃透你已经做过的每一道题。经过仔细的总结你就能发现很多题的解题规律，你的审题和解题思维转变了自然就能想到最快捷的解题方法了。"老师耐心地给梅梅解释。

"那我需要准备个错题本吧？重点针对我不会的题做总结？"梅梅对老师说。

"是的，梅梅说得不错，这样对你自己解题的弱点最具针对性。对于你已经掌握的题你也可以从里面借鉴可用的思维方式，不要仅仅关注那一题的解题过程。"

"好的，老师我知道了，谢谢老师。"梅梅笑着说。

高考试卷的题目具有类型化、技巧化的特点，孩子在高考中能否取得好成绩主要还是依靠他们在平时的积累，而不是依靠孩子在高考考场上一时的思考和反应能力。而对试题的反应能力也需要孩子在平时进行训练，正如故事中的梅梅一样，吃不透每道题的解题方法，做题的速度就跟不上。所以家长在孩子备考的过程中要引导他们训练自己对试题的反应速度。

虽然每年高考的试题题型、题量不尽相同，各题分数的分配及试卷风格有差异，但考试内容均不超出考试大纲的规定范围，考查学生做题技巧和思维能力的方式也有相似性。只要孩子在耐心掌握基本知识点的基础上愿意多花时间下功夫多做题，特别是高考真题，那么孩子在高考中就能稳中求胜。

每一份高考真题对孩子来说都是一次"高考"，因为试卷所涵盖的知识点都是高考中的要点，问题的提问方式和解题思路都和高考相差无几。孩子如果把高考真题吃透就会感觉到正式的高考中有自己熟悉的题型，这样孩子考试的心情会放松，有利于在高考中取胜。所以家长要让孩子平时多练习高考真题，把高考真题吃透。下面列出了一些教孩子吃透高考真题的方法供家长参考。

1.教孩子真正理解真题中的题型

孩子在平时做真题的时候，解题的第一步不是下笔写而是要先读题，认真地审题，问问自己出题老师到底是从哪个方面考查自己，老师有没有给自己设置什么陷阱。第二部就是努力发散自己的思维，寻找解题方法，最后自己完成题目。第三步就是孩子独立做完试题之后和参考答案进行核对，看看自己做的答案是否正确或者思路是否正确。如果正确了，也不要让孩子立刻做下一题，要告诉他回头把整个思路、切入点整理一下。如果没做对，在孩子看了正确的解法后，一定要让他知道为什么答案要这样做，为什么自己当时没有做出来，要让孩子分析自己在哪里遇到了障碍。总之就是让孩子真正理解真题，在做题的过程中做到不仅要知其然，也要知其所以然。

2.教孩子学会对真题举一反三

在孩子做完每道真题后，家长都要教孩子记住这类题的解法或者是分析的思路，这样孩子以后再遇到就可以举一反三了。高考的题目虽然繁多，但总是有规律的，孩子抓住了解题规律，做题就能又快又准。比如：在孩子解数学题的时候，家长可以让孩子把典型的真题的解题思路分步详细地记录下来，进行理解和记忆，之后再通过同类型相似的题进行巩固练习。这样，孩子就能真正吃透每道真题的解题思路和答题方法。

3.教孩子积累并理解真题解题思路

在孩子做了一定量的题后，家长要教孩子学会归纳同类题型，对其进行积累和理解记忆，最好可以让孩子把不同科目的问题整理在不同的笔记本上。此方法适用于所有科目。比如：语文客观题靠背和记的量比较大，但也有规律可循。对于古文的用法，多做多总结，重复出现的概率是比较大的。现代文阅读的主观题回答技巧也要让孩子多揣摩总结。英语和语文一样也主要依靠对题型的归纳和记忆，比如，易考语法和词汇的总结，相似词汇运用的对此，典型写作句式的整理等。

让孩子看一些文摘杂志

徐浩和小磊是同班同学，两人还是邻居，从小一块长大，是很好的朋友。自从升入高中以来，两人的学习成绩却差得越来越多，徐浩在班里总是名列前茅，而小磊的成绩则总是徘徊在中下游。

徐浩的爸爸在报社工作，平时非常注重培养孩子的心胸和视野，经常让他看一些时事新闻和文摘杂志，还让他谈谈感想，两人交流心得体会。除此之外，还给他订阅了一本介绍大学和专业的学习杂志，让他有时间就翻看。渐渐地，徐浩的阅读理解能力和表达能力都增强了，语文成绩提高不少。而且还通过那本介绍大学的杂志明确了自己的爱好，确定了想要报考的专业和学校，每天都在为梦想努力，学起来很有劲头，成绩提高不少。

小磊的爸爸则相反。他觉得高中最重要的就是学好课本知识，那些报纸和杂志都会让孩子分心，不利于他们的学习。因此，他把小磊的杂志都给没收了，也很少让他看电视和报纸。时间长了，小磊对学习渐渐失去了兴趣，语文成绩尤其是作文成绩总是得不到提高，对自己的未来也很迷茫，不知道自己喜欢什么，更不知道自己将来报考哪个学校和专业。

通过阅读一些文摘和杂志，徐浩对自己有了清醒的认识，明确了梦想并开始为之努力，表达能力也得到提高；而缺乏课外阅读的小磊则感到迷茫，学习的劲头也不足，成绩总得不到提高。

升入高中后，孩子的学习比以前更加紧张，时间更加宝贵。有的家长认为，孩子只要学好课本上的知识就可以，文摘和报纸都是课外读物，会让孩子分心，影响学习成绩。因此，他们很少让孩子看这些读物，经常叮嘱他们把心用到学习上。

其实，适当地阅读一些读物对孩子是很有好处的。首先，养成阅读习惯可以提高孩子的阅读理解能力和表达能力，对他们的写作有很大帮助，对他们未来的发展也是很有好处的；其次，课外阅读能扩宽孩子的视野，让他们对自己和世界有更多的认识，帮助他们树立理想并为之努力，提高学习兴趣。此外，阅读也能让长时间学习的孩子得到放松和休息，不会对学习产生厌倦，有的读物还能补充老师的教学，给孩子提供新的学习方法，帮助他们提高成绩。因此，家长可以适当地为孩子订阅一些好的读物，丰富他们的生活。以下建议供家长参考。

1.为孩子订阅与学习有关的杂志

除了一些文摘之外，很多杂志是专门为高中生提供的，比如《求学》等，不仅提供了很多优秀学生的学习方法和经验，还详细介绍了各种大学专业和学校。家长可以给孩子订阅这种杂志，帮助他们借鉴别人的学习经验，改进自己的学习方法，对专业和大学有更多了解，从而明确自己的志愿，学习起来更有目标和兴趣。

家长还应该让孩子通过报纸和杂志了解国家的最新政策和一些行业动态。对目前形势有更深的了解有助于孩子合理规划自己的未来，也能为他们的作文提供更多的素材，扩宽他们的视野。

2.让孩子读报纸、看杂志，摘抄并积累

很多家长都觉得，那些文摘杂志与学习无关，阅读它们会让孩子分心，对学习无益。其实，坚持阅读对孩子来说是很重要的，对高中生来说尤其如此。他们平时学业繁忙，承受压力较大，阅读一些课外读物可以帮助他们减压、放松，学习起来效率会更高。而且高中生正处于人生观、世界观和价值观形成的关键阶段，让他们读一些好的文章可以帮助他们更好地认识世界和自己，从而树立远大理想。好的文章还可以提高他们的理解能力和写作水平，从而帮助他们提高语文成绩。

家长要提醒孩子在阅读的过程中要注意积累一些优美词句，把它们抄在本子上，并试着运用到自己的文章里。时间长了，孩子的文笔就能得到提高。

3.提醒孩子：最好别把这些书带到学校里

有时，家长的担心并非多虑，一些孩子的确会因为课外阅读而影响到学习。他们往往沉湎于阅读和幻想，不努力学习，甚至在课堂上都在看课外书。长此以往，必将影响学习成绩。对此，家长可以对他们做此要求：不要把这些书籍和杂志带到学校里，以防止他们耗费过多时间和精力在这些读物上，甚至影响课堂听讲和同学的学习。应该建议他们在空闲时间比如周末阅读这些杂志，这样既能得到充分放松，又不至于影响成绩。

除此之外，家长对孩子的阅读内容也要有所限制，不要让他们看一些容易让人沉迷的武侠小说，网络小说更是要杜绝。

4.就阅读内容与孩子交流感悟

家长可以在孩子阅读后与他们进行交流，讨论一下阅读过的内容。比如可以让他们讲讲书里主要讲了些什么，表达了什么思想，自己有什么感悟等。这样的交谈不仅可以加强与孩子之间的感情，有助于双方的沟通和理解，还能增强孩子的语言组织能力和表达能力，对他的写作和人际交往都很有好处。同时也能提高孩子的阅读水平和语文成绩，还能培养他对阅读的兴趣，养成阅读的好习惯，受益一生。

第 7 章

引导孩子
高效学习高中科目

如何帮助孩子学高中语文

乐天第一次考试竟然在语文上栽了个跟头。

"语文嘛，不就是个背嘛！那有什么好学的！"直到考试前他都还是这样的想法。可是看着语文成绩单上鲜红的70分，它仿佛一个笑脸，咧开了嘴在嘲笑自己的无知。

"为什么语文考得这么低啊？我记得你初中的时候语文也不差啊！"妈妈皱着眉头，看着儿子不及格的语文成绩。"书上该背诵的我都背会了，可是考试考得太少啊！"乐天不服气地说。他确实在背诵上花了不少工夫，而据他以前学习语文的经验，只要背会就可以考好了。

"你说得没错，背会课文是很重要，知识贵在积累，打好基础是很重要的。可是如果你仅凭背诵，怎么能做好这150分的试卷呢？背诵只是基础，做题需要多方面的能力。你现在对语文的认识还不够。"

听着妈妈的话，乐天也在思索着，没错，自己以前一直以为背诵是学习语文的全部要诀，而经过这一次考试之后，他发现这样的想法很不对劲。"妈妈，那不背诵，怎么学好语文呢？"

"不是说不背诵，这是学习语文的基础方法，也是非常重要的。但也不是唯一的方法。你看现在的试卷越来越考验学生的综合能力，题目也越来越灵活，这样的话，死记硬背的东西能应付试卷吗？"妈妈对疑惑的儿子说，"不管学什么，都首先要有兴趣，这样你才会有主动探究和钻研的精神。语文，博闻强识是基础，然后要灵活应用。对各种题型要熟悉，多做练习。当然了，考试的话，答题技巧也很关键。但是对于语文的学习我们不应该仅仅满足于应付考试，汉语是我们的母语，更是中华民族的瑰宝，要好好学习、用心研究才是啊。"

听了妈妈的话，乐天若有所思。看来自己学习语文的心态和方法需要好好转变一下了。

其实对于孩子来说，语文的学习可以说并不是始于学校的。从一出生开始，孩子就在接触汉语，在华夏大地上不同的地域和风俗习惯中成长。孩子进入学校，对于语文的学习更是起步早、历时长。从幼儿园到大学，孩子都在学习语文。高中阶段更是语文学习的重要时期。如果说学习语文是建造一座宫殿，那么小学就是在为这座宫殿拾砖捡瓦，初中就是奠基构架，而高中就是正式修葺而且必须竣工的时候了，这也是为后续的深造学习做准备的重要时期，所以在这个承前启后的关键时期，语文的学习不容懈怠。但是由于受到很多传统思想和衡量方式的限制影响，大多数学生和家长认为像古人那样整天摇头晃脑地背诵之乎者也的方式是对的，认为将那些古籍名篇能够脱口而出就是学好了语文。而且由于我国教育似乎把语文置于一个并不十分突出的位置，一方面由于母语确实为我们所熟悉，觉得难度没有英语、数学那么大，另一方面很多学校在考试中也可以看出对语文的重视度。比如有的重点高中自主招生考试中不考语文等。所以不管从自身的学习方法，还是社会对于语文的重视程度，都可以看出语文的地位并没有得到应有的肯定。

但是为了中华民族的未来，我们有责任、有义务将我们的文化传承下去并且发扬光大。随着教育制度的不断发展和完善，以后的高考也将有望提高语文的分值，更加重视语文教育。所以，不管从民族重任还是未来发展的角度来看，学好语文都是非常重要的。这里有几点建议供各位家长参考。

1.教孩子端正学习态度，培养学习兴趣

兴趣是最好的老师。这句话在学习中几乎是万能的金钥匙。诚然，没有了兴趣，对于一份索然无味的工作，那么任何事都会变成一种负担，抱着应付的心态，肯定不会有丰硕的收获。培养兴趣，说得容易，但实际操作却并非那么简单。兴趣是一种自发的情感需要，是任何外力强求不了的。而且兴趣的培养可以说起步越早效果越好，因为小孩子自己的认知能力还不完全，更加容易被引导。但这并不是说对高中孩子兴趣的培养是在做无用功。培养孩子的语文兴趣，家长可以从氛围入手。即给孩子一个语文气息浓厚的氛围，家里的书柜上多几本名著，多几部小说。俗话说半部论语治天下，家长可以常与孩子谈谈古人的修身、治国、齐家之道，在潜移默化中让孩子慢慢培养对语文的兴趣。学习其实就像交朋友，经常见面，多了解，熟悉了，也就喜欢了。

2.教孩子学习方法，轻松学语文

说到学习语文的方法，之前提到过的背诵就是基本方法之一，也是十分重要的一个方法。古语"熟读唐诗三百首，不会作诗也会吟"，说的就是这个道理。在背诵的基础上，父母还要教孩子做到理解。理解和背诵，应该是相辅相成的学习手段。"书读百遍，其义自见"，背诵是为了更好的理解，理解也可以帮助更快地背诵，更久地记忆。比如背诵文言文，父母先教孩子熟读全文，解决了不会读的生字词，然后结合注释了解文章词句含义，在此基础上要达到背诵也就更简单了。这样背诵的效果也更加持久。至于其他的复习、预习等最基本的学习方法，也就不必赘述了。

3.教孩子多阅读、多思考、多动笔

对于语言等学科的学习，阅读的多少直接和能力的强弱挂钩。语文的学习也是如此，阅读是重中之重。阅读对于提高孩子的写作能力是非常有效的。多阅读，就可以积累更多的写作素材，"读书破万卷，下笔如有神"，说的正是如此。当然，阅读并不仅仅是眼睛接触文字，更多的是要在阅读中进行思考，找到对自己有用、有启发的内容，让书中的东西真正对自己有所帮助，做到为我所用。这里就涉及灵活运用的问题。读书，切忌被书中的言论观点所左右。我们读书是为了扩展视野，提高明辨的能力，"博学之，明辨之，慎思之，笃行之"，最终要让知识起到指导性的作用而不是命令式的作用。尽信书不如无书，要学会走进书里，又能从书里走出来。至于作文的提高，除了阅读积累，勤动手、勤练习是最重要的。高中的写作，已经不仅仅是小学、初中的状物叙事类的简单事实描写，更注重的是作者的思想深度，对问题的理解和看法。像近年来的高考常常以社会中的某种现状为引，考查学生对问题的理解和自己的想法，这就需要一定的社会见闻和思考能力，思想的深度可以在文章里体现得淋漓尽致。文如其人，不仅仅指外表，更是指一种思想。

高中历史怎么学

雯雯没想到自己引以为豪的历史科目居然在高中成了自己的一大难点。

初中的时候雯雯很喜欢学历史，历史成绩也很不错，但是自从上了高中，她还是按照初中的学习方法，对书中的知识点认真背诵记忆，上课认真听讲，课后仔细复习，但随着学习内容的增加和考试次数的增多，雯雯发现自己的成绩不但没有起色反而开始有下降的趋势了。做题的正确率下降很多。雯雯开始为自己的成绩着急，她决定去找老师谈谈。

"老师，最近我觉得学习历史有点力不从心的感觉，成绩也没有起色，我不知道是哪里出了问题。"雯雯坐在办公室，一脸沮丧。

"是不是你的学习方法可能不太适应现在的学习了？你不要着急，学习这种事，急不得。"老师说。

"我还是跟以前差不多吧，上课听讲、记笔记，您布置的作业我也都做了，平时该背会的知识点也都背了啊，可是我发现，在现在的考试中，仅凭背诵课本，似乎是不够的。"雯雯说得没错，她确实觉得在考试中那些背过的知识点有种用不上的感觉。

"嗯，现在的考试，更加注重的是对知识的理解和运用，单纯的考查识记内容已经不是高中考试的重点了，但这不是说背诵知识点不重要，这是基础，如果连最基本的内容都没有记住，那谈何运用啊？"老师听了雯雯的讲述，觉得是她的学习方法不是特别适合高中历史的学习。"照你这样的学习，对基础知识的把握应该是不错的，现在要做的就是学会灵活运用这些知识来做题。现在你要提高成绩，首先就从做题开始吧，多接触现在的题型，你看看现在重点考查的方向，然后就知道自己欠缺的方面了。"听了老师的建议，雯雯决定从做题入手，试着调整学习方法。

高中历史，乍一看似乎就是初中历史的翻版，大致条理没有改变，这就导致很多学生仍旧按照初中的学习方法来学习高中的历史。但是高中历史和初中相比有很大区别，那就是高中细化了以前的内容，如果说初中历史学习的是框架，那么高中历史就是在这个框架里填补血肉。案例中的学生正是用初中的方法认真学习历史，可是仍然没有显著作用。其实不仅仅是内容上的不同，考试的侧重点也不同，初中历史的考试重点考查识记能力，也就是对课本知识点的记忆情况，而高中历史则是侧重对基础知识的理解和应用，对史实的理解和联系能力，以及对问题的分析能力等。现在的历史考试考查的范围非常广泛，例如在选择题中基本都是以文言文为引题，这也就间接考查了学生的语文功底。其次像简答题，很大程度上也考查了学生的语言组织能力，所以高中历史的考试考查了综合能力。而且对于文科生来说，历史也是非常重要的一门学科，所以家长要指导孩子学好历史。这里有几点建议供各位家长参考。

1.教孩子正确认识背诵和理解的关系，学会运用知识

历史考试没有直接考查识记背诵的考题，所以容易误导学生不再重视记忆知识点，这样的做法是不可取的。任何理解型的题目都是建立在对知识点的熟悉与掌握的基础之上的，换言之这样的题目对学生的要求其实更高了，它已经把识记内容默认为学生都掌握到的情况间接地考查，所以这就要求学生对于基本知识点要自己掌握。对于这一部分的学习，背诵自然是基本而且最有效的方法，而除此之外，也可以采用联想式记忆法。历史的发展总是遵循发展潮流且各历史事件总是具有前因后果的联系的，综合各个历史发展时期不同的特点，将历史串联起来，这样更方便记忆，也更方便理解。例如中国近代史始自鸦片战争的爆发，而这场战争爆发的根本原因是西方工业的发展需要原料及市场，这样就把东西方的发展联系起来，形成知识链，帮助孩子更好地记忆和理解。

但在考试中已经不会出现类似于考查鸦片战争爆发时间那么简单的问题了，但是却会以"鸦片战争爆发同期的西方发展阶段"为题，一题多考，这样的题目

就考查学生灵活运用知识点的能力。对于这样的题目，就要教孩子不要"读死书"，要学会把知识点串联成一张网络结构图，不要把历史事件孤立地学习，要学会融会贯通。

2.习题练习虽重要，但要教孩子不要深陷题海

现在的考题层出不穷，花样也是不断翻新，在考试中如果出现一道闻所未闻、见所未见的新题型，无疑会给学生增加心理负担，望题生畏，不做已经输了。在这样的情况下，很多学生抱定"题海无涯苦作舟"的心态，决定通过超大量的习题练习来巩固知识，争取在考试前做遍所有题型、题目，取得高分数。其实这样的做法并不是最好的。俗话说，熟能生巧，多做题目固然不错，但题库里无数套题、无数道题，又岂能做得完？在有限的时间内做无限的题，这样的方法未免太慢了点。所以，家长要教孩子不要深陷题海。做题，旨在接触题型，将理论知识转化为实战经验、知道如何答题才是最重要的。所以做题，尽量做典型题目。另外，家长要教孩子做不同难度的题目，如果基础知识掌握良好，那么做过于简单的题目也就意义不大了。有难度的题目有助于开阔思维，但是也要注意不要走入误区，钻牛角尖，纠结于过偏、过难的题目，那样也是无益的。做完题目后，根据参考答案看看自己的差距在哪里，但是参考答案重在"参考"，不可不信，也不要尽信。

3.教辅资料铺天盖地，教孩子不要忘记课本

不可否认现在市场上各种各样、种类繁多的教辅资料和参考书确实给学生的学习带来了很大的帮助，尤其类似于一些名校考题或者名师讲解一类的书籍，给学生自学带来了机会，而且针对不同能力的学生阶梯式的训练确实有点"因材施教"的感觉。像历史这样的文科学科，为了让学生应对考试，一些知识点归纳和"答题模板"式的参考书种类很多，它们的作用不可否认，但我们也应该注意到这样的书籍并不是十全十美和正确率百分百的，而且正因为有了这样的书籍，学生很容易"犯懒"，不再记笔记，甚至抛开了课本。而课本是最重要的，所有参考书的出版都是以课本为依据的，这些辅导工具只能作为学习课本的辅助方式，它们不能代替课本，更没有课本上详尽

正确的知识。所以家长要教孩子重视课本，学习首先以课本为主。尤其是考试复习，首先要看的应该是课本，只有完全掌握了课本知识，那些教辅资料才能发挥真正的作用。

学好高中英语也不难

和很多孩子一样，津津的英语成绩一直是拖总成绩后腿的主要力量。

现在的学校为了提高英语成绩也确实下了不小的手笔。一位位资深的英语老师自然不在话下，现在还高薪聘用了外教，为学生们学习英语提供了更好、更真实的教学环境。但是这也随之出现一些问题，津津就觉得自己在英语课上几乎什么都听不懂，几节课下来，自己对英语的信心也减少了，学习兴趣自然也就更加淡了。

每天早自习，津津也是抱着单词狂背，四十分钟下来，就觉得头昏脑涨，可是昏昏沉沉之后却发现单词的影子似乎在脑子里像个过客一样匆匆一现，自己再怎么努力搜寻它的影子也找不到。"唉，每天都在做这些无用功，何必呢！"一生气，津津索性把书抛在一边，不再理会。

"谁来给大家分析一下这个句子的语法结构？"老师一个发问让津津瞬间紧张了起来。他最怕的就是英语课的提问了，尤其是像这种涉及语法结构分析的问题，他简直一窍不通。可真是"天有不测风云"啊，正在津津紧张的时候，老师就点了他的名。他只好硬着头皮站起来，可实在不知道该怎么开口回答。见他为难的样子，老师提示道："分析句子的语法结构，其实就是先找出句子的主干，找到主谓宾，然后分析句子各成分之间的关系。好了你坐下吧，以后要注意学习语法知识了。"

单词的记忆都是问题，语法简直别提了，英语的学习，可真是津津的一大困扰啊。

英语的学习确实是一部分学生的困扰，很多家长和孩子为了学好英语也没少投入时间和精力。英语确实是我国教育的一大重点，各种招生考试对英语都有专项要求。而英语教育在我国更呈现出低龄化的趋势，而且其影响可谓深远持久，大学的四六级考试直接关系到大学毕业证及硕士学习，更有托福和雅思为学生的出国之路设置障碍。高中阶段的英语更是重头戏，甚至会影响到将来高考后大学的档次和专业选择。英语既然如此重要，那么学习英语自然是需要开动脑筋而且花费大精力的，案例中的学生在学习中精力确实没少投入，但成效却不是那么尽如人意，这就涉及了学习方法的问题。正确的学习方法自然起着不可替代的作用，尤其在学业繁重、科目众多的高中时期，学习方法更是省事省时、提高效率的关键所在。如何引导孩子学好高中英语，这里有几点建议供各位家长参考。

1.教孩子打好基础，词汇是关键

和学习语文一样，如果没有足够的字词储备量，那么其他深入的学习就无从谈起。所以，背诵单词短语等一些基础性工作，自然是非常重要的。但是背单词也要讲究方法，如果只背没有记忆，那么也只是在浪费时间精力罢了。记忆单词，有联想式记忆法。比如apple，如果在背诵时先把它转换为汉语"苹果"，再进行记忆，无疑在记忆中又多添加了一道程序，给使用也增加了障碍。如果在看到apple时脑海里浮现的是红红的圆圆的苹果，而非"苹果"这两个汉字，那记忆效果将会大大不同。利用联想式记忆，可以省去中间转换为汉字的翻译过程，直接将事物用英语记录在脑海中，长此以往，直接形成条件反射，可以长久记忆。当然了，由于缺乏语言环境，所以对于英语的遗忘速度也更快，所以及时复习很重要。每隔一两天，就看看之前背过的单词短语，对于加深记忆很有帮助。再者，背单词并不应该仅仅记忆某一个单词，回想我们小学学习语文，认识汉字时总会用到一个方法——组词，组词的过程即是使用的过程，在使用的过程中加深记忆和理解，更有助于帮助孩子记忆。在英语的学习中，词组短语很重要，考试中也往往考查的都是词组短语的使用、固定搭配等，所以记忆这些更重要。

2.习题训练很重要，教孩子熟能生巧

任何一门学科的学习，都离不开习题的训练。对于英语更是如此。在做题的过程中可以将理论知识转化为实际应用的能力，在一次次的习题训练中，学会更加灵活地应用知识点。在应试教育的当代，在大量的习题中我们还可以发现那些出题老师"钟情"的考点，这也为学生平时的复习指明了方向。一套试卷的题型差不多是固定的，所考查的内容也基本稳定，所以应对这种考试，习题的训练就必不可少。但题是做不完的，家长要教孩子在庞杂的题海中尽可能地提高效率，毕竟仅靠题量来提高成绩是不可取的，正式考试中又有多少会是做过的原题目呢？

做题，要做多种类型的题目。即相同类型的题目可以挑选典型来重点训练。做题，重点练习的是解题的思路和方法，也是为了开拓见识，即多了解题型。在做题时，一定要有时间观念，要像考试一样对待平时的训练。考试都限定了时间，在有限的时间内要做好未知的题目，速度也是取胜的关键。英语考试速度确实是很重要的，尤其在阅读题目中，信息量大，题目多，速度如果跟不上，很有可能导致后面的题目做不完。当然速度是建立在基础知识良好的基础上的，比如词汇等。所以，词汇是基础也是关键。此外，在习题练习中，要学会总结，总结错误，总结知识点，并不断温习。

3.教孩子全面提高英语水平，听、说、读、写样样重视

现在的英语考试，听力所占的比重也开始大幅增长，所以培养孩子的英语听力也是非常重要的。提高听力，最好的方法也是唯一的方法就是多听。听的材料也有很多种，比如考试听力试题、新概念英语系列都是很不错的听力材料。除此外，英文歌曲、英语电影也是不错的选择。听力训练要坚持才会有效果，持之以恒一定会有很大收获。

英语作为一门语言，它的最大作用也是意义就在于交流。所以要教孩子开口说英语，只会做试卷的哑巴英语也许在应试方面是有效的，但学习英语并不仅仅是为了应试，家长要教育孩子用正确的心态对待英语，把它当作生活技能来培养。说英语可以从课堂训练入手，也可以和同学朋友相互交流，还有一些手机软

件也可以练习英语，父母要利用现代科技手段帮助孩子更好地学习英语。

读英语，除了背单词之外，还可以朗读课文、阅读中的习题等。阅读是为了培养语感，大量的阅读有助于增强学生对英语的敏感程度，对听力也是很有帮助的。写，不管是应试还是能力的培养都是不可或缺的。英语作文的训练就是典型之一。当然，在写的过程中，除了提高内涵和能力，写得一手漂亮的书写也是很不错的。

高中地理，文科中的"大难题"

期末考试的考场上，瑞瑞还在和一道选择题打持久战，眼看着考试时间都要过去一半了。这地理考试，让对地理有点怕的瑞瑞有点应付不来。

"这到底是哪啊？它的气候怎么判断呢？"瑞瑞看着地图，突然有点后悔昨天晚上没有仔细看看地图，现在脑子里对眼前这残缺不全的地图真是印象不深，似是非是的样子让他拿捏不准，"唉，算了，这道题先放放吧。"

对于地理考试，瑞瑞是越来越没信心了。从自然地理这一章开始，他就觉得自己有点晕头转向。抽象的地图在脑海里就不知道该怎么运转，什么太阳运动、五带划分、黄赤交角，学得越多，瑞瑞觉得越混乱。听课困难，做题更困难，地理的学习眼看着落入低谷。不想成绩一落千丈，瑞瑞趁课间去办公室找了老师帮忙。

"老师，我的地理这次又没考好。很多题目我都不会做，尤其是关于地图这一方面的，我老是记不住，也分辨不清楚。"瑞瑞直言说出了自己的难点，期待从老师这里得到指点。

"地图，有的需要牢记，比如世界地图、中国地图等，至于其他的，比如太阳公转以及地球自转和它们带来的影响，像这类题目，就需要你的想象力了。"老师说道。

"我就是觉得自己想象力不够啊！每次上课听讲，我很努力地想跟上老师的节奏，可是不知不觉就落下了。考试的时候，也不知道该怎么做，看见这样的题目我已经开始有点害怕了，有种无从下手的感觉。"瑞瑞说得没错，每次看到这种题目，虽然他都很努力地回忆老师的解题方法和思路，但还是做不出来。

"地理的学习其实不难，如果你想象不到，那你回家拿个地球仪，用手电筒做太阳，自己试着转动一下，就明白了。"听了老师的方法，瑞瑞顿时有种恍然大悟的感觉。对啊，自己怎么就想不到呢！

形容一个人博学多才，古时常用"上知天文下知地理"，由此地理的重要性以及人们对它的认同度可见一斑。同时地理也是一门非常实用的学科，在生活中辨认方向、出门旅行查找地图，这些都是最基本的生活技能。高中的地理课程所学的内容当然不是这么简单，像案例中的学生就被"多变"的地理地图给难倒了，像太阳运动、地球自转这样的动态地图的考查题目确实需要很好的想象力，能够在脑海里模拟出场景，再加上基本知识，那么解题也就没什么难度了。地理相比于政治和历史，确实是比较抽象的一门学科，需要学生具备抽象思维能力，同时也要具备分析解决实际问题的能力。例如对于城市发展格局的规划和一些诸如道路架设路线的选择和港口位置的选择等，这类问题就考查了学生对问题的看待角度和解决手段了。其实很多学科之间都是相通的，学好地理同样对于提高学生的整体素养有帮助。如何引导孩子学好高中地理，这里有几点建议供各位家长参考。

1.学会联想，让地理不再抽象

正如案例中的瑞瑞，抽象的地图确实是个棘手的问题，尤其是当光照图碰上计算时间，相信有不少人"讨厌"甚至害怕这类题目的出现。自然地理这部分主要的考查方法是结合地图出考题，真正考查了学生的理解能力和想象能力。其实这种题目并不可怕，案例中的老师就提供了很好的一个方法：转动地球仪的同时用手电筒模拟太阳光，亲眼看看昼夜的交替、地球自转、太阳公转时不同的变

化，这样直观、清晰的方法一目了然，将各种抽象语言描述出来的变化直接转化为视觉感受，更加清晰、深刻地将知识点刻画在学生的脑海中。这就好像数学题目"一小时内时针和分针重合几次"，如果你拿出手表动手转一转表盘，效果要比先计算时针分针一分钟转多少度，再计算要好，直观的视觉效应要比抽象的思维计算简单得多、容易理解得多。联想的学习方法在地理这种实践性、操作性比较强的学科上是很实用的，更加贴近生活，更加方便快捷，也更加容易理解。除此之外，还要注意联系生活实际，不要犯一些常识性的错误，例如作物的成熟季节、水稻种植范围等。

2.死记硬背不可取，教孩子由背地图变画地图

地理的学习，对各种地图的记忆很重要，世界地图、中国地图、气候分布图、人口密度以及重点地形区例如澳大利亚、潘帕斯草原等，这些都是需要熟记于心的。但是地图的记忆不同于文字的记忆，不是死记硬背就可以的。除了常翻看地图外，许多学生都会选择在床头或者房间、教室随处悬挂地图，一抬头便可以看见，这样的方法也可以加深记忆。这里再给各位一个方法，就是教孩子"画地图"，可以从描摹开始，然后根据记忆在纸上画一遍。不需要画得多么美观，毕竟不是美术作品，只要能标注出大致方位和记清名称即可。用这样的方式可以加深对地图的记忆。此外就是常翻看、常复习，地图册翻烂了，地图自然就记住了。

3.地理答题有技巧，教孩子做好每道题

地理试卷题型，一般也是固定的。从选择题开始，到最后的选做题，各个知识点考查所占的比例也大致固定。下面说说做各种题目的技巧。选择题，浏览选项切忌匆匆一瞥，很多相似的选项就是利用学生这样的心态制造陷阱。对每个选项要看清，如果自己做出答案只需对照选项选择符合的即可。如果是比较类型的，则需要看清题目所比较的侧重点。选择题的题干，更要注意要选择的是"错误的选项"还是"正确的选项"。这种类型的选择题一定要看清题干再作答。众所周知，做选择题还有一个技巧就是排除法。排除法可以帮助学生去掉绝对错误的选项，缩小答案范围，选择正确的概率也会提高。在两个选项中选择总比在四个选项中选择要简单一点，当然命中率也会从百分之二十五变成百分之五十。如

果就剩两个选项却还是拿捏不准时怎么办？那就再读题目！做选择题，千万不要忽略时间。有的学生容易在"拦路虎"面前钻牛角尖，一头扎进题目就忘了这是考场，等到回过神来为时晚矣。做不出来的题目，暂时跳过，等做完会做的，再回头看。不要为了不确定的题目，放弃了确定能拿到的分数。

对于地理简答题，除了答案的正确性，还要注意书写格式，要做到美观易看懂。和做政治题目一样，最好分行分段，标注序号，让答案一目了然。不要赘述过多，说清问题即可。要注意答案的完整性，有头有尾。比如问原因的题目，解释完之后，再加上一句"所以……"。这样，让答案更加完整，让回答更加完美。

选做题，一定要注意选择自己最擅长的，这类题目一般难度不大，所以要注意细节。此时答卷一般进入最后阶段了，要注意时长。最后别忘了如果前面还有没做的题目，若时间允许，记得回头补充完整。

学通高中政治有方法

"这节课我们来学习政府职能这一节，这都是属于公民的政治生活的内容，同学们作为一名社会公民，有必要了解我们国家政府的职能以及……唉，我说，你们都醒醒！课堂上竟然还睡着了！这样子考试我看你们怎么办……"政治老师还在讲台上喋喋不休，而同学们在下面昏昏欲睡，有不少人已经坚持不住向困意"缴械投降"了。

和很多男生一样，小亮对政治也是一点也不"感冒"。上课不想听，平时都是看球赛，对时事政治更是一点也不关心，看到政治课本就犯困，一做题更是看着一长串的答案心烦，而自己做却半天写不出几个字。

"唉，又要考试了，这次政治考试怎么办啊？"小亮早自习拿着政治书却发现一片空白，书是这样，大脑也是这样，总是记不住这些内容。临

近考试，小亮看着政治书一头雾水，想起每次政治考试自己挤牙膏似的做简答题那个为难劲儿还真不是装的。

回到家，小亮还在为即将到来的政治考试犯难。看着他一脸苦相，爸爸问他："怎么了？是不是遇到什么问题了？"

"唉，别提了，政治考试又要来了，真烦人，爸，我真不知道该怎么学好政治这门课，我每次考试都考不及格。"小亮一股脑向爸爸说出了心里的苦恼。

"哦？政治，这个应该没那么难吧？上课老师讲的注意听，课后再把基本原理之类的多背背，应该不至于每次都不及格吧？"爸爸越说得轻描淡写，小亮越觉得自己着急难过。

"政治课一上课就容易犯困，背了我也记不住。""你看你，这怎么能行呢？最起码上课听讲得做到啊，哪门课不是这样！"爸爸有点生气，孩子这个样子，又怎么学得好政治呢？

政治课的学习，对于我们来说也并不陌生。关于道德修养、公民素质的提高是我国教育的重点内容，这也是教育的最根本任务。政治课程在高中也是非常重要的学科之一。但是高中政治课程往往由于官方的叙述和晦涩的内容不被学生所垂青。即使学习政治，也离不开最传统的方法——背。背会了书里的条文，考试的时候却也不一定用得上。像案例中的学生属于对政治既没有兴趣，也没有正确的学习方法，所以政治成绩一直没有起色。如此恶性循环下去，只能导致他对政治越来越没有兴趣和信心，成绩自然是不会有进步的。政治课的学习，不仅在高中很重要，大学期间也是一门非常重要的功课。其实学习政治知识，对于生活也是很有帮助的。政治中涉及的一些社会常识以及唯物辩证的思维方式，都可以对我们的学习生活起到指导作用。关心时事政治，也是作为一个现代公民社会意识的体现。所以学习政治是十分必要的。如何指导孩子学好高中政治，这里有几点建议供各位家长参考。

1.教孩子正确认识政治，联系实际，从生活出发

一提到政治，很多学生会认为是国家大事、国际政要，离自己的生活太过于

遥远，或者就是枯燥的条文规范。作为高中生接受着小学生守则一样的道德教育觉得有些"幼稚"，对课程没有兴趣，觉得政治课本讲的都是些假、大、空的东西。其实这些想法都是片面的。政治离我们的生活是很近的，作为社会公民，政治和我们息息相关。家长要教孩子正确认识政治与生活的关系，能够联系生活实际，把政治课本和生活结合起来。比如政治中学习了公民享有选举与被选举的权利、我国基层民主政治的组织形式等，这些都可以启发孩子从生活中找到实例。家长不妨做一次社会实践，让孩子了解这些内容，从而激发孩子学习政治的兴趣。此外孩子学习了马克思主义哲学部分，可以学习其科学的思维方法，运用到生活中，用更加理智、科学的思维来看待生活中的实际问题，也可以运用到解决其他学科的问题中去，比如数学等。家长教孩子学以致用，从知识中获益，孩子自然也就喜欢上了这门课程。

2.政治答题，基础知识不含糊，教孩子细心第一

在考试中细心很重要，尤其是理科类需要计算的题目。但是政治题目更需要细心为上。因为政治题目中的"陷阱"太多，一不留神就出错。比如"我国的基本政治制度"和"根本政治制度"，只有一字之差但答案却截然不同。这样的题目在考试中很容易由于疏忽出错。所以做政治题目，细心非常重要。当然不管做什么题目，扎实的基础知识储备是很重要的。政治课更是如此，繁多的基本概念和原理知识更是来不得半点含糊。对于原理性的东西，有的是不需要理解的，例如我国的国家性质。在政治课里这样的纯记忆性的内容比较多，只需要记住，在考试中按题目要求能够作答即可。如果有坚实的基础知识，在做题的时候再辅之以细心的思考检查，看清题目再下笔，就能尽量避免出错。

3.答题有技巧，教孩子尽量少失分

应试教育模式之下，考试答题自然也就有规律可循，而掌握了这种规律，得分自然也就变得轻松多了。首先要明确试卷结构，这点不难做到，多做几套试卷就了然于胸了。至于具体的考点在什么地方，比如是考经济生活还是政治生活，或者考哲学部分，这些在命题大纲里都会有明确规定。政治的简答题分值高、耗时长，除了需要对知识点熟谙于心之外，还要有足够快的速度保证答卷时可以全部写在试卷上。这就要求孩子对各个知识点的调动能力非常强，这其实也是对知

识掌握的熟悉度的考查。解答政治题，要注意课本知识与题干的联系，把理论与实际结合起来。解答政治题，似乎很多学生都有一个误区，就是写得越多越好。其实不然，答题要答到"点"上，做题要找到关键，找到考点，对症下药，才能得到高分。除此之外，答题要条理化，眉毛胡子一把抓、答题像写论文一样、不分段不分行的做法是大忌。试卷看起来密密麻麻一片，找不到关键答案，也是得不到高分的。解答简答题，标注清楚一二三，分行突出重点，让答案一目了然。阅卷老师赏心悦目了，分数也不会太低。解答政治题，要从多方面入手，不仅要做到答案正确，还要做到试卷美观整洁，这在任何考试、任何学科中都适用。

"吃透"高中数学很重要

　　小凡今年上高二，是个刻苦努力的学生。每次上课前都会认真预习，上课时也会认真听讲，复习阶段也比较认真，不会漏过一个知识点。可是，他的成绩一直不理想，尤其是数学成绩，一直在班级平均线下，常常是勉强及格。

　　为此，小凡的父母也很疑惑，他们不知道为什么如此努力的小凡却总是学不好数学。经过一段时间的观察，父亲发现了小凡的问题。原来，虽然小凡学习刻苦，但学习数学的方法却有问题。比如他不重视做题，常常把时间花在背公式上，很多公式都没能真正理解，遇到相关的题目时还是不会做；每次考试后，小凡对于那些做错的题目也是置之不理，没有总结经验和方法，导致下次考试还是犯同样的错误。

　　父亲指出了小凡学习方法上的不足，并开始监督他的学习，时常督促他做些题目，还会检查他的改错本，提醒他总结做错的题目。

　　在父亲的帮助下，小凡的学习方法得到了改进，数学成绩也有了进步。

上例中的小凡虽然努力认真，但学习数学的方法有很多不足，比如不注重做题训练，也没有养成总结错题的习惯。父亲发现了这些并及时帮助他进行了改进，小凡的数学成绩得到了提高。

对于高中生来说，数学是一门非常重要的学科。作为三大主科之一，数学不仅对他们的高考成绩有着重大影响，还是学习其他学科比如物理、生物的基础。数学在他们的学习中占有重要地位，只有学好数学，才能打下扎实基础。然而，不少孩子都没能掌握正确的学习方法，有的孩子延续初中时的学习方法，结果难以适应高中数学，成绩不理想。

对此，家长要引起足够重视，引导孩子学会正确地学习高中数学，找到适合自己的学习方法。以下建议供家长参考。

1.告诉孩子，认真听课很重要

与其他科目不同，数学这门学科在一定程度上比较复杂，只看课本是不够的，更何况很多时候，孩子并不能把课本上的知识全部看懂。这就要求孩子能认真听课，通过老师的讲解理解那些知识并吸收新的知识，寻找适合自己的学习方法。

因此，家长要让孩子明白认真听课的重要性，并对他们进行监督。比如要告诉孩子课堂上要紧跟老师，思绪不要脱离课堂；每天检查孩子在预习中的问题是否解决，以此检验他们的听课效果；还可以让孩子养成做课堂笔记的习惯，以此督促他们认真听课。

2.做题比死记硬背更有效

在学习高中数学的过程中，孩子会接触到不少很重要的公式。对此，不少孩子采取的都是死记硬背的方式。殊不知，这样做虽然能让他们记住这些公式的具体内容，但却做不到理解，遇到相关的题目时还是无从下手。

因此，家长要明白，做题是最有效的方法。通过题目练习，孩子不但能记住公式的内容，还能理解其含义，掌握其适用范围和方法，遇到有关的题目时就会"下笔如有神"。练习得多了，孩子也会见识到多种类型的题目，不会再因遇到没见过的题型而紧张，影响成绩。

不过，家长也要注意避免题海战术。虽然做题很重要，但是也要适度。同一类型的题目做得再多也难以扩大提高空间。家长要让孩子学会总结解题方法，举一反三，同一类型的题目不必多做，学会方法即可。

3.检查孩子的解题过程

在学习数学的过程中，一些孩子也意识到了做题的重要性，常常做题训练自己，可成绩还是得不到提高。这种现象很大程度上是由于他们在做题时不注重过程，看过题目后只要想出了解题方法，就会"放过"这道题，认为自己已经掌握了。殊不知，在解题的过程中他们可能也会遇到问题，而且计算能力也得不到检验。

对此，家长可以检查孩子的解题过程，以此督促他们一步一步做完，而不是有了思路就放下。只有这样，孩子才能在解题的过程中发现并解决自己的问题，提高自己的计算能力，不至于在考试时因计算失误而丢分。

打好基础是学习高中物理的关键

雷杰今天刚刚升入高中，结识了不少新同学。不过，他也有烦恼——物理成绩总是勉强及格，这导致他的总体成绩并不突出。

期中考试中，雷杰的物理成绩很不理想。不仅没有提高，反而连班级平均分数线都没达到。雷杰的妈妈很着急，她担心雷杰再这样下去会更落后。于是，妈妈拿过了雷杰的卷子，开始分析问题出在哪里。

妈妈发现，雷杰做错的很多题目都是概念题，实际上并不复杂。雷杰并没有理解一些概念的含义，对其适用范围也不了解，所以才会出错。妈妈还发现，有几道题目与之前雷杰做过的练习题目其实是同一类型，但雷杰仍然不会做。妈妈意识到，雷杰学习物理的方法有些问题，不注重对概念的理解和总结解题规律。

此后，妈妈开始提醒雷杰注意这些问题，经常会用一些题目来考查他对概念的理解，还会让雷杰通过做题总结规律，而不是做完之后就忘掉。在妈妈的帮助下，雷杰的物理成绩有了不小的提高。

上例中的雷杰学习物理时不注重对概念的理解和总结解题规律，导致在一些简单的题目上出错，做过的题目还是没有思路。在妈妈的帮助下，雷杰意识到了自己的问题，开始弥补不足，物理成绩得到了提高。

对于中学生来说，物理可以说是一门比较复杂的科目。尤其是高中物理，知识繁多，题目类型多种多样，对孩子的思维和学习能力都是考验。但物理也是一门很重要的学科，它不仅关系到孩子的学习，更与日常生活中的很多现象息息相关。孩子有必要学好这门课。

然而，很多孩子都在学习物理的过程中遇到了麻烦，他们感到物理学起来很是吃力。有时即使付出了很多努力，还是没能提高成绩，学习效率也不高。对此，家长要引导孩子寻找学习方法中的不足，找到适合自己的高效方法，提高物理成绩。以下是一些供家长参考的建议。

1.提醒孩子，基础概念不能放松

在一些孩子看来，物理概念并不是很重要，掌握解题方法才是关键。因此，不少学生把大量时间花在了做题上。殊不知，对于物理学科来说，概念是基础。只有理解了概念的含义和适用范围，才能保证做题的准确率，才不会在简单题目上出错。况且，如果没能理解基础概念，遇到复杂的题目也会没有思路。

因此，家长要提醒孩子注意理解概念。要让他们知道，做题很重要，但对概念的理解更重要。不管是看书还是听课，都要注意对概念的理解，尤其是一些容易混淆的概念，一定要搞清楚。只有做到这些，做题时才不会被"迷惑"，才能打好基础。

2.做题时要注意总结规律

要想学好物理，同样要重视做题练习。很多孩子也明白这一点，但物理成绩仍不理想。究其原因，就是他们在做题的过程中不注意总结规律，虽然做的题目

很多，但解题方法却没有真正掌握，遇到同一类型的题目时，还是无从下手。

对此，家长要让孩子学会通过做题掌握规律，总结方法。要让孩子知道，不能为了做题而做题。可以让孩子建立一个习题本，总结各种类型的题目解法和易错点，并在考前进行复习。这样孩子就能养成总结做题规律的习惯，而不会一味做题却毫无成效。

3.注重分析过程，将题目转化成物理问题

很多孩子都会发现一个问题，在平时学习的过程中，对概念、公式理解得都很到位。可一旦遇上一些应用题，尤其是一些看起来似乎与物理联系不紧密的题目，就没有了思路，不知怎样解题。长期如此，物理成绩自然得不到提高。

对此，家长要让孩子明白，解题的第一步就是找出其考查内容，将实际问题转化成自己熟悉的物理问题，然后利用相关概念和公式解决。只有这样，才能做到不管题面怎么变，都能看出其"真面目"，找到解决方法，总结规律，提高成绩。

高中化学不仅仅是死记方程式

张梦是个高二学生。她从小就成绩优异，学习很用功。然而，自从升入高中以来，她的成绩却不那么突出了。尤其是化学，她总是学不好，成绩并不理想。

在张梦看来，学习化学就是要掌握那些反应方程式。所以，她的笔记做得很全，老师讲过的方程式她都会记下来，练习过程中遇到的方程式她也会记在笔记本上。考试之前，她就会翻出笔记，努力背方程式。她认为这样就足够了。可是，做题时她就会发现，很多题目自己还是不会做，甚至不知该用哪个方程式。她的成绩因此总是不理想。

发现了张梦的这一特点之后，爸爸对张梦说："张梦，爸爸发现在学习化学时，你把大部分时间都花在了背方程式上。这是为什么呢？"

张梦说："爸爸，化学不就是要知道化学反应吗？所以我觉得掌握了反应方程式就行。"

爸爸说："张梦，爸爸不这样看。我认为化学更重要的是那些元素、物质的性质和反应原理，化学反应也是依据这些才发生的嘛。掌握了这些知识，你才能进一步判断反应，了解具体过程。你说呢？"

爸爸的话让张梦意识到了自己的错误。是啊，那些性质和原理才是本质，反应只是结果。她决定，以后学习方程式之前，要先掌握这些重要的知识。

在张梦看来，化学就是进行反应，学习化学就是背反应方程式。因此，她并没有对原理等重要知识进行了解，导致学习不深入、效率低，做题时常常陷入无从下手的窘境，成绩也不理想。

上例中的张梦并非个例。很多孩子在学习化学的过程中都遇到了问题，成绩不理想。其中不乏与张梦一样的同学，认为学习化学就是掌握方程式。这种认识上的误区导致他们没能掌握化学的本质，对重要的原理和规律不了解。这样下去，成绩自然得不到提高。

家长要明白，化学这门学科不仅对孩子的总成绩有着重要影响，还能让他们认识生活中的现象，也有助于他们养成一些好的思维习惯。因此，学好化学对他们的成长和学习有着重要意义。以下建议供家长参考。

1.教孩子学会利用实物进行形象化记忆

正如上例所教给我们的一样，学习化学最重要的是要了解物质的性质和规律。但是，死记硬背这些知识不仅枯燥，效果也不好。对此，家长可以为孩子提供条件，让孩子通过观察实物或进行实验来了解这些物质的性质和相关反应的原理及过程。比如可以让孩子观察并品尝食盐，从而熟记氯化钠的性质。这样一来，孩子就会通过亲身体验记住物质的性质，记忆更深刻。当然，并非每种化学

物质都可以让孩子轻易接触，要首先保证孩子的安全。

很多孩子都不重视化学实验，把重心放在了理论知识上。对此，家长要告诉孩子，实验也很重要。很多化学规律都是通过实验发现并总结的。不仅如此，进行化学试验还可以让他们更了解具体的反应过程，更容易记住那些反应现象。当然，鼓励孩子进行试验的同时也要提醒他们注意安全。

2.让孩子学会建立知识网

与其他学科不同，化学这门学科要求孩子掌握的知识不仅繁多，还比较"杂乱"。这门学科涉及的元素或物质繁多，其性质也很多。如果一条一条去记，效率并不高。对此，家长可以让孩子针对每一种物质建立一个知识网，将其所有性质和反应方程式都写出来。在平时的学习中，每学到一个与此物质有关的知识就在知识网中进行补充。时间长了，这个知识网就会越来越完整，记忆起来也会更方便。这种方式在考前复习时尤其有效。

3.学习化学，细节很重要

家长还应明白，对于化学的学习来说，细节也很重要。解题的过程中，对任何一个性质的疏忽，在任何一个细节出现纰漏，都有可能导致题目出错，前功尽弃。

因此，在平时的学习过程中，家长要注意提醒孩子注意细节，要尽量多了解物质的性质，这样才能在做题时减少出错率，不至于因为对细节的疏忽而导致丢分。时间长了，孩子自然能养成全面、严谨的学习方法，提高成绩。

方法正确，高中生物很简单

杜昊今年上高一，是个活泼外向的孩子。不过，最近他却有件烦心事。

原来，最近的期末考试中，杜昊的生物成绩没有及格。这可是升入高中后的第一次考试，而且他的成绩一向优异，这样的结果让他难以接受。他失望地回到了家。

爸爸见他闷闷不乐，便询问原因。杜昊告诉爸爸，自己的生物没有及格，很是失落。他说："其实一直以来我的生物就学得不太好。平时的小测验中就总是遇到不会的题目。但我不明白，我那么用功，参考书也看了，还做了那么多的题目，怎么还是学不好呢？有几道题目我甚至不知道在考什么。"

听了杜昊的话，爸爸陷入了思考。然后他对杜昊说："杜昊，爸爸知道你为什么学不好了。我也发现了，你经常做生物题目。可是，爸爸却没怎么见过你看课本。你知道吗，生物这门学科，最重要的就是基础知识。只要你把课本上的知识掌握了，就不会有太大的问题。你却把重点放在了做题上，基础不牢固，自然有很多知识都没掌握。我想，你没找到考点的那几道题目应该也不难，考查的都是课本上的知识吧。"

杜昊拿出卷子，对照着课本一看，果然，那几道不会做的题考查的都是基础知识，有的甚至就是小节的题目。杜昊明白了，自己的学习方法出了问题，过分注重题目训练，却忽视了基础知识。他决定调整学习方法。

在学习生物的过程中，上例中的杜昊过于重视题目训练，结果忽视了基础知识，因小失大，成绩也得不到提高。在爸爸的提醒下，杜昊意识到了自己的不足，决心进行改进。

在理科科目中，生物这门学科比较特别，它不像别的科目有很多地方需要计算，它反而像一门文科科目，有大量的基础知识要掌握并记忆。因此，学习生物的方法也要做出改变，不能一味沉溺于题海中，要重视基础知识。此外，对一些学习的疏忽也有可能导致孩子的成绩不理想。

很多孩子都像上例中的杜昊一样，学习方法出了问题，学习生物时感觉不顺手，成绩得不到提高。对于孩子的成长和学习来说，生物这门学科都有着重要的

作用。因此，家长要设法提高孩子的学习能力，帮助他们找到适合自己的学习生物的方法。以下是一些供家长借鉴的相关建议。

1.教孩子立足课本，全面掌握知识

家长要明白，要想让孩子学好生物这门"理科中的文科"，必须让他们以课本为主，打好扎实基础。可以让他们用参考书辅导学习，但要提醒他们还是要立足课本，不要把重点放在参考书上。可以用辅导书上的知识对课本知识进行补充，但要分清主次。另外，家长也要提醒孩子，别把大量时间和精力花费在做题上，只要通过做题掌握了运用知识的方法即可。大量的重复不仅没有效果，还会导致他们没时间全面学习课本知识，因小失大，得不偿失。

2.告诉孩子，实验很重要

很多孩子都不重视生物学科中的实验。但家长要明白，实验不仅能帮助孩子巩固基础知识，在考试内容中也会占有一定的分值，对他们的成绩有着不小的影响。因此，在孩子的学习过程中，家长要提醒他们重视实验部分，不但要认真阅读课本上的实验板块，还要认真做实验。此外，有几种实验方法经常会考到，比如控制变量法、演绎推理法等，孩子有必要了解并学会使用这些方法。

3.教孩子学会画图解题

学习生物的过程中，孩子会遇到很多比较抽象的概念和过程，比如染色体的分离、细胞的变化过程等。做题时孩子也会遇到一些识图题，比如对细胞结构的考查等。因此，家长要教孩子形象化记忆有关知识，看到图时能快速反应，联想到知识点。在平时的学习过程中也要学会用画图帮助自己记忆知识，比如画出细胞，自己说出相应结构的名称和作用等。这样的方法效率高、易记忆。

第 8 章

全力以赴，
帮助孩子在高考中取胜

高考前一周该如何安排孩子的生活

高中尤其高三一年的生活，似乎是重复着快节奏但却单调的生活。

临近高考，还有一周的时间。晓峰的生活也好像没有什么大的改变。他是一个比较善于规划学习生活的人，对自己的学习总是有一个属于自己的计划，所以他按照自己的计划有条不紊地完成着学习任务。高考来临，晓峰总觉得自己还有一些知识点没有完全掌握熟练，但眼看着就要考试了，他心里开始焦急起来，决定给原本紧张的学习计划再加大力度，争取考前突击，给高考成功加分。

今夜似乎格外疲惫，指针还没有指向十二点，但晓峰已经有点身心俱疲了。看着书桌上还没有做完的习题，想着还没有翻看够次数的书本，他心里更是着急加害怕，五味杂陈。他时常会想一个问题，要是考不好怎么办？父母会不会对自己很失望？自己又怎么跟殷切期望的老师、关心自己的家长交代，又怎么跟辛苦这么多年的自己交代？想到这些，他的心情更加烦乱。

学校的毕业典礼之后，晓峰已经放假，自己在家复习，可是在家他却总是有种"学不进去"的感觉。看着每天为了自己忙碌于厨房而又怕打扰自己学习的妈妈，无形之中，他觉得压力更大了。

在这样的生活之下，原本内心焦躁的晓峰开始把这种情绪外化，他变得脆弱敏感而且更加容易暴躁，这使得原本紧张的气氛变得更加紧张，连以前父母晚上和他聊天给他加油放松心情的习惯最近也因为他的脾气而中断。不仅如此，他也常常失眠，复习的效率也开始下降。考试一天天临近，看着每天焦虑不安的孩子，晓峰的爸爸妈妈开始担心这样的状态会影响孩子的发挥。

考试，在高中尤其在高三，可谓是家常便饭。高三一年紧张的学习生活让孩子经常处在一种神经紧绷、高度紧张的状态之中，而且高强度的学习、不充分的休息对孩子的精力消耗也很大。而高考是一场脑力与体力、智商与情商的多重博弈，所以考试时的心态很重要。当然对知识掌握的纯熟程度是这一切最基本的基础。所以即使在考前，复习也是不应该中断的。在当代中国社会，人们对高考的重视程度可见一斑。为了给孩子营造一个好的学习氛围及帮助孩子休息、补充营养，家长们更可谓是绞尽脑汁。考试是对某一段时期的学习情况的检测，像高考这样的考试更是一个综合能力的检测，在考试之前可以用一段时间来专门进行状态调整和有针对性地做考前突击复习，这样对提高学习成绩也是有很大帮助的。比如可以在考前一周制订出一个计划，特意安排下这一段时间的复习和调整节奏，让孩子能够调整到最佳状态，更好地应对考试。此外，由于临近考试，此时孩子的状态一般会变得更为紧张，注意力更为集中，趁此期间对平时没有很好掌握的知识点再进行学习，效果也是更好的。当然了，临近考试的计划自然还是以放松心情、更好休息为主，尤其是在孩子经过了一年的紧张复习之后，考前的休息调整更是重要，所以家长要帮助孩子安排好高考前一周的学习生活计划。这里有几点建议供各位家长参考。

1.高考前一周，教孩子调整作息，适应高考时间

高三一年，很多学生基本都养成了六点或者更早起床，晚上至少十二点钟才准备休息的作息习惯。这样的作息习惯是对孩子的精力的一个挑战。按照这样的作息习惯，思维最活跃的时期应该是早晨六七点，到九点钟时经过三个小时左右的学习，孩子的思维已经疲劳，精力也有所下降。但是高考的时间是在早上九点到中午十一点半，下午三点到五点。尤其是下午，炎热的六月天气对体力和脑力都是一种考验。所以为了更好地适应高考，在考前一周家长就要调整孩子的作息习惯，目的就是为了使孩子能够在考试时段保持活跃的思维、充足的体力，保证更好地完成试卷。所以在考前一周，家长要督促孩子早睡，每天保持七到八小时的睡眠时间，保证孩子有充足的体力。为了保持思维的活跃，可以采用做模拟题

的方式。在考试时段让孩子做相应科目的试题，在规定时间内完成。这样模拟战场的"实战演练"，可以帮助孩子适应高考，减缓紧张情绪，也可以帮助孩子调整作息时间和思维习惯，使孩子在考试时段内保持最佳的精神状态和思维状态。

2.考前复习也重要，教孩子不要停止学习

高考前的假期是为了让孩子有个休息的时间，缓解一下紧张的情绪，更好地应对高考。但是这绝不意味着可以停止学习。越是临近考试，由于人的紧张情绪，导致神经过度兴奋，此时的情绪和心理状态都处于一种不稳定的状态，也就越是容易遗忘。而且经过几个月大量习题的练习，很多同学对课本已经变得生疏起来，基础知识的复习在此时尤为必要。所以考前一周，家长可以安排孩子利用早晨或者晚上的时间看看课本，复习巩固基础知识。高考的任何考题都是以基础知识为出发点的，所以课本是非常有必要再复习一遍的。基础概念、基本原理、公式等都是复习的重点。以基础为重，是这段时间复习的主旋律。此外，对以前做过的习题翻阅也是一种复习，尤其是积累的错题本等一些自己不熟悉的题型和犯过的错误，在这个时候进行复习，也是很有必要的。

3.考前一周，帮孩子平复心情，调整心态

正如之前所说，高考是对智商和情商、心态和能力的多重考验，高考带给学生和家长的心理压力是一种更大的考验。其实在高考中，心态的稳定至关重要，可以直接影响到学生的状态和发挥。尤其在考前一周这样一个让人高度紧张却又离真正高考还有一段时间的一周，更是一场心理持久战。如果在这一段时间，孩子能战胜自己，那么就已经赢了一半高考。考前一周，家长不宜再给孩子施加过多压力，比如过多的关心以及来自亲朋好友的关心。所以作为家长，可以适当为孩子"屏蔽"这些善意的关爱，让孩子能够以平常心对待考试。其实很多时候孩子过多的焦虑来自家长和外界的过分重视，导致他就像案例中的学生一样担心考不好无法面对老师、家长，大有种"无颜见江东父老"的感觉。尤其作为家长，更不宜草木皆兵，过分敏感重视，给孩子造成过分的心理压力。但是必要的调节还是要有的，比如陪孩子聊天，舒缓紧张情绪，适当进行运动和一些户外活动，让孩子离开课本、试卷，暂时"遗忘"考试，放松心情。这一时期家长也要注意孩子的饮食，营养和安全要并重，尤其夏天，一些水果和冷饮可能会影响肠胃健

康，所以在这方面要格外注意。此外还要防止天热中暑。家长在考前为孩子营造一个轻松舒适的氛围，可以帮助孩子顺利通过高考。

教孩子应对高考当天的突发事件

紧张备考了这么久，高三党们终于迎来了高考。

高考前夕，梓涵和班里几个同学出去小小地庆祝了一番，也算是相互加油打气吧。不过回到家里，临睡前梓涵突然觉得胃里很不舒服，起初她没在意，但不料过了半小时仍然没有好转的迹象，似乎还有越来越严重的趋势。此刻她想到应该是和同学一起吃饭吃了什么不干净的东西吧，于是自己吃过几片药，就休息了。

早晨起来，昨夜的不适的后遗症还是给她的胃带来了轻微的不适感。妈妈听了她的情况，一边责备她不注意饮食，一边帮她翻箱倒柜地寻找药品，又不放心想去医院看看。"妈妈，没事，又不是什么大问题，吃点药就好了，放心吧，不用太紧张。"

"那怎么行，今天就考试了，这样要是影响了考试可怎么行！"妈妈非常担心她的状态会影响考试，吃过药后，趁着还有时间就要她抓紧时间休息，又准备了粥和一些养胃的早餐。

另一边的徐磊同学也不轻松。高考前夕他出现了高考综合征中最简单也是最广泛的一种症状：失眠。早晨起床后黑黑的眼圈让家人有点担心。而他自己也觉得整个人昏昏沉沉的，可能会影响今天的状态。收拾好要出门的时候，刚走到门口，就听见妈妈在后面叫他："小磊，你的东西没带！"看着妈妈递上来的身份证，他也心里一惊，整个人也似乎清醒了许多。

真是"无巧不成书"，都到了考场门口，只见还有家长焦急的身影。

原来又有粗心的考生忘记带考试证件，家长在拥挤的马路上又冒着大热的天赶来。考场门口还有家长和老师在给紧张的考生做着思想工作……

高考这天出现的突发状况还真是不少啊！

对于高考，备战的战线可谓拉得够长、准备得够久，但是计划赶不上变化，再周密的计划都不能完全杜绝意外突发状况的出现。就像案例中的几种情况在高考当天也是时有发生，这些也只是最普遍普通的几种情况。特殊时期时常会有特殊情况。一方面出于客观现实的不可预见性，毕竟我们无法设计明天的运行轨迹。另一方面也是由于学生和家长的过度重视与紧张，往往会导致一些突发状况。例如突发疾病，像肠胃不适、头晕心悸、过度焦虑等。过度紧绷的神经也容易导致出现失误，比如东西忘带等，这些突发状况总是或多或少、不可避免地出现。那么为了保证孩子高考的顺利进行，家长就要有相应的应急措施来应对这些突发状况，有备无患、最大限度地为孩子的高考做保障。这里有几点建议供各位家长参考。

1.应对身体不适：做好预防，备好药品

突发状况里，身体不适应该是最大的问题了，但是身体不适却往往会有征兆或者原因。例如案例中的梓涵高考前夕和同学聚会没有很好地注意到饮食的问题，导致肠胃不适。夏季高温，食物的保鲜问题带来了一些肠胃疾病，尤其像水果这类，更容易引起肠胃疾病。在考前家长要格外注意孩子的饮食，不要轻易让孩子食用不新鲜的水果，也不要在这个时候轻易改变孩子平时的饮食规律，比如有的孩子平时菜单多为清淡，高考前若一时改变，家长为了给孩子增加营养变为大鱼大肉，有时反倒会影响孩子的肠胃，出现一些不适症状。饮食，因孩子口味和营养搭配为主，不是大鱼大肉就是最好的。除了做好预防工作，还要准备一些生活中常用的药品，比如感冒药、退烧药，以及止泻药等药品，有备无患，以防万一。

2.应对粗心大意：忘带东西，及时检查，最短路线送达

虽然学生自己知道各种证件要带齐全，老师、家长也再三强调要仔细认真检查东西，但每年都难免有些"马虎鬼"还是丢三落四，当然，特殊时期会有紧张

的心情也是可以理解的。那么为了应对这种情况，这里给家长几点建议。一般自然是提醒孩子检查所携带的物品，在路上小心不要遗失等，此外还可以对文具等物品进行备份。现在的孩子高考时，有很多家长都会选择陪孩子一起去考场甚至在门口等候，那么不妨把重要文具证件等多带一份，以备不时之需。如果真的发生东西落在家里的情况，那么家里应该有人能够及时送来，这就必须保证家里有人或者能够及时赶到考点，好送去所需物品。在此之前应该规划出一条最近的路线。高考期间交通比较拥堵，所以应该设计好相对比较近而且交通相对方便的路线。不过这类情况还是要以预防为主，尽量做到避免发生为好。

3.应对意外：护送孩子，保护孩子安全

高考期间，不仅仅是孩子自身会出现一些突发状况，外界也会有一些意外的事故发生。比如有一年高考期间有新闻报道考生在公交车上遇到歹徒，结果有两个考生受伤。这样的意外事故虽然都不是我们想看到的，也并不是每次都会遇到如此极端的事，但是为了预防万一，家长还是小心为好。在考场上有时也会遇到一些意外情况，比如有的学生可能会因压力过大而晕倒在考场，这样的事情家长也要注意。如果学校没有统一安排校车去考场，那么家长最好陪同孩子一起去考场，考试结束后也尽量接孩子一起回家。在高考期间不要让孩子和陌生人长时间外出去隐秘或者家长不知道的地方。考完试后也最好及时和孩子沟通考试情况，安全问题要尽量做到全面。

提醒孩子准备好考场必备物品

时间转眼到了六月六号，一年一度的重大高三学生节——高考来临了。

十年寒窗，一年紧张备考，小沐也变成了一名光荣的高三党，是今年高考大军的一员。

高考前夕，当别的孩子都在紧张忙碌的时候，小沐却看起来没那么紧张。她平时就是一个大大咧咧的女孩，做事稍微有点拖拉，属于不到最后一刻不紧张、不动手的类型。不过也许正是由于她这种平和的性格，成绩倒也不错。

"小沐，明天就要考试了，看看你的东西都准备好了没有？"细心的妈妈还是不忘"唠叨"两句，她知道女儿的拖拉和粗心。"哎呀没事，都准备了。文具是学校统一准备的，明天就在考场。其他东西明天准备也不晚啊，反正九点才考试嘛！"说罢又自顾自地去看电视了。看着她的样子，妈妈也不想再多说，临近考试，妈妈不想给孩子添加压力和麻烦，也不想打扰她的心情，所以也就没有再多说。

闹钟响过，像平常一样，小沐今天还有点想赖床的心情。慢慢腾腾地起床后，妈妈叫她吃早点，她向学校走去，准备乘坐学校的高考校车去往考场。

"同学们再检查下自己的考试物品有没有带齐全，尤其看看身份证、准考证等相关证件。"老师提醒着同学们，小沐也低头检查自己的东西。"呀，怎么办，我的身份证没带！"她翻看了文件袋里的东西，竟然没有发现身份证。这可怎么办？没有身份证是无法进考场的啊！小沐一下子慌了神。"赶紧给你爸妈打电话，看看家里有没有人给你送过来，不要慌，还来得及。"老师提醒道。小沐赶紧给家里打电话，妈妈听说后顾不得数落女儿的粗心大意，急忙在家里翻找身份证。

经过妈妈的努力，终于在进考场前拿到了身份证，看着女儿的背影，妈妈松了口气。"但愿这件事没有对她造成太大的影响吧。"妈妈暗暗担心。

高考对证件的要求十分严格，准考证、身份证等相关证件至关重要，但每年考试似乎总有一些粗心的孩子丢三落四，就像案例中的学生一样，在考前发现准考证或身份证没有带全，或者发现重要文具和一些考试必需品忘带，最后不得不全家总动员运送物品，保证高考的顺利进行。而高考当天交通又往往比较拥挤，

这给此刻担任后勤工作的家长老师加大了工作难度，而且在这样一个至关重要的时刻，也会造成心理上的恐慌，对考生的答题发挥也会有一定的影响。由于一时的粗心或者对考试所需物品的不了解而导致的失误造成一定的损失和麻烦确实是不应该的。其实这类事件是可以避免的。除了在考前认真地准备和仔细地检查之外，还需要学生和家长都对高考中的必需物品有细致的了解，知己知彼，然后着手准备，此外还要了解考试时一些"违规物品"，避免在考试中带来不必要的麻烦。这里有几点建议供各位家长参考。

1.仔细阅读考生须知，了解考试必需品

高考前准考证会提前发放至考生手中，准考证后面的考生须知详细介绍了考试时间、注意事项以及考试必需品等一些相关内容。家长和考生要仔细阅读，明白与考试有关的各项内容，做到知己知彼。证件类像准考证、身份证等是必带物品，需要注意的是，身份证与准考证上的姓名、照片、身份证号等各项信息一定要相符，这种情况经常出现在改名等情况中，导致身份证和准考证姓名不符。有时也会由于办理身份证或者准考证的工作人员或者自己的失误等一些人为因素导致姓名出现书写错误等一些意外情况。如果出现此类情况，家长要及时去户籍所在派出所为孩子办理带照片的户籍证明或者按照相关处理措施，及时询问相关部门，为孩子处理好问题，保证孩子顺利参加高考。

2.带好该带的，不带不该带的，避免不必要的麻烦

考试中除了要带好必须携带的物品，还需要特别注意的是规定的"违规物品"，即不能携带进入考场的物品。高考进入考场的检查流程十分严格，现在更有金属探测器对考生实施全身检查，一些诸如手机等设备和其他金属物品一旦被查出都会按照违反考场纪律进行处分。为了避免不必要的麻烦，家长要提前帮助孩子处理好这些问题，不带不该带的物品。这一问题在准考证中的考生须知中也有明确规定。例如手机等各种电子设备等，此外文具中也有需要注意的物品。高考一般是统一准备文具，一方面是为了方便考生考试作答，另一方面自然也是为了防止作弊行为的发生。高考阅卷是扫描仪扫描试卷，由老师在电脑上进行打分批阅。所以修改液等物品不能使用，这样会影响试卷扫描，除此之外像透明胶带、圆珠笔等不适合作答的文具也不宜带入考场。家长要提醒孩子在进入考场之

后及时检查其他文具，若有问题要及时申请更换。

3.计时工具要带好，防暑、下雨要注意

考试中要保持时间观念，而考试又不允许携带手机，那么传统的计时工具——手表就必不可少了。虽然在考场上会有钟表悬挂在教室前面，监考老师也会适时进行提醒，但对于学生来说对时间的把握会让自己心里更加踏实安全，而且可以帮助孩子调整作答节奏，更好地把握整场考试。六月的天气，炎热且多变，考试时间为两个小时到两个半小时，家长可以为孩子准备一杯水或者提神饮料，但注意不要准备碳酸饮料和咖啡类饮料，因为碳酸饮料的解渴防暑作用不明显，而且过量饮用会造成身体不适，而咖啡虽然有提神作用，但咖啡同样有利尿的功效，所以不宜在考试前或考试中饮用。最佳饮料为凉白开水，可以补充水分，让孩子精神答卷。

此外值得注意的是，在每场考试结束后家长要提醒孩子带好自己的东西，尤其是相关证件等重要物品，谨防丢失。

孩子在考场上大脑一片空白怎么办

窗外烈日炎炎，教室内气氛仿佛快要凝固。

"同学们，注意填涂好你们的姓名和准考证号，这个不可以修改，一定要一次性填涂正确。检查试卷没有缺页、完好无损的话就先等等，答题指令没有发出前请不要作答。"两位监考老师边发答题卡边讲解着考试规定。今天是高考的第一天，准备了这么久，孩子们终于荷枪实弹地上了高考的战场。

"现在开始答题！"老师一声令下，考场上立刻出现一阵翻阅试卷的窸窣声音。萌萌似乎还有点没反应过来，听到这一阵声响，才有点慌乱地打开了试卷。一眼扫过试卷，名句默写一题里怎么出现一个自己好像没见

过的句子，这不免让她心头一紧。仔细回忆着，大约有十几秒钟，还是没想起来。"哎呀这怎么行，第一个就不会做，我怎么想不起来了，这个句子在哪里见过的……"萌萌看着这个让人心慌的空，索性跳过做其他的题目。"先不管了，说不定做着做着就想起来了。"

不知道自己是受了这道题的影响还是怎么了，看着后面的题目，萌萌只觉得好像自己从没有复习过一样，脑子里一片空白，仔细搜寻也没有任何结果，就像断了电的机器，任凭怎么召唤也无法运转。

萌萌此刻多希望时间也凝固，但看着一步一步走过的指针，她的额头上细密的汗珠也开始渐渐增多。"我怎么什么都想不起来了，这可怎么办啊！天啊，我怎么不会做这些题了……"看着似曾相识的题目，萌萌更加觉得手足无措，紧张感顿时飙升。"不行，不能这样，我一定可以做出来的！"她尽力平复着自己的心情，索性搁下笔，抬起头，深深地吸气、吐气，几次深呼吸之后，乱了的心跳节奏似乎慢慢回到正轨，这时她低下头，奋笔疾书起来……

当真正拿到高考试卷的时候，相信所有考生的心情都不会如自己之前所想。不管是紧张的心情也好，还是故作不紧张的心情也好，都会有激动，都会有慌乱。激动的是，终于见到了传说中的高考试卷的"庐山真面目"，慌乱的是，当这一份关系到"前途命运"的神奇试卷真的摆放到面前时，那种感觉很难描述。在这样复杂多元的心态之下，再加上紧张的考场氛围，黑猫警长似的监考老师，有的考生就会出现像案例中的考生那样的情况——大脑突然断电似的一片空白，一瞬间仿佛所有的知识都被过滤走了似的，一滴不剩，面对着题目，只有发呆，听着满考场虫子爬行似的沙沙笔尖声，更是加重了这种状况。也许平时在考试和练习中不会出现这样的情况，或者没有这么严重，所以很多孩子对于这种现象会慌了神，一时间手足无措。结果是越着急越没结果，又在担心着考试时间，在考场上心理防线崩溃，发挥自然就受到很大影响。针对这种情况，家长要提前给孩子打好预防针，万一在考场上出现这样的情况，也能让孩子在最短时间内恢复过来。这里有几点建议供各位家长参考。

1.教孩子保持镇定，任何状况都不要乱了心智

家长首先要让孩子认识这种情况。如果在考场上出现了大脑一片空白的问题，家长要让孩子知道这属于正常现象，不要慌乱，保持镇定。高考的考场上不管出现什么情况，镇定最重要，一方面可以帮助自己尽快恢复状态，找到做题的"感觉"。另一方面，如果在遇到突发情况时表现出过度的慌乱，也有可能引起监考老师的注意，甚至有可能引起不必要的误会，或者也会影响周围的考生，这些后果都是对自己考试不利的。而且在慌乱的状态下更加手忙脚乱，导致的后果也会是找到答题状态更加困难，这样也会无端浪费许多时间。所以家长教孩子在遇到诸如大脑出现空白这样的突发情况时一定要保持镇定是很有必要的。

2.教孩子应急措施，及时调整状态

家长教孩子认识了大脑空白的突发状况，更重要的是教孩子如何处理这类问题，好尽快地进入考试状态。这里有几个方法家长可以试试教给孩子。首先，深呼吸。如果遇到大脑一片空白的情况，教孩子先停下笔，做几个深呼吸，这样有助于放松紧张的神经，平复心情。然后，再辅之以"眼观鼻，鼻观心"的宁神方法，即闭上眼睛，试想着用眼睛看鼻尖，然后用鼻尖观看自己的内心，如此静坐十秒钟左右，等心情平复之后再开始看试卷准备答题。先大致浏览一遍题目，对试卷整体做到心里有数，万一遇到自己不会做的题目也不要慌，按照顺序，一步一步，不慌不忙地作答。对于思考两分钟左右还没有做出的题目，可以暂时先搁置一边，跳过做后面的题目，在做题的过程中，头脑里的知识也会被逐渐"唤醒"，这时的状态也会是最好的，很多之前不会做的题目也就会变得顺手许多。家长也可以教孩子先做自己最擅长的题型，让孩子树立做题的信心，为后面的答卷做铺垫。

3.教孩子提前熟悉环境，给自己营造"安全感"

很多考生在考试中出现大脑一片空白这种现状也是由于对环境的不熟悉。高考前一天一般会开放考场一定时间，目的就是方便考生寻找考场，使第二天的考试更加顺利，节省时间，同时也是为了让考生熟悉环境，起到消除紧张心理的作用。所以家长一定不要轻视这个环节，最好陪孩子一起看看考场，熟悉环境。如果考生恰好是在自己所在的高中参加高考的话，那么对于环境的陌生感会大大降

低，在考场上因为不熟悉环境而出现大脑空白这类现象的可能性也会大大降低。另外在进入考场后，家长可以教孩子先环顾四周，熟悉并适应周围环境。有的考生甚至会因为桌椅的高度和以前相比的差异带来不适感而影响发挥。所以家长要教孩子尽快熟悉周围环境。

如果在答题过程中出现大脑突然一片空白，家长也可以教孩子采用"自我鼓励"的办法来缓解紧张情绪。比如在心里暗暗给自己打气，用诸如"我一定可以做出来的"这样的话语来安慰、鼓励自己。在紧张的考场上，考生一定要保持一个良好的、平稳的心态，这样才能应对各种突发状况，赢在高考。

帮助孩子调整心态，坦然应考

学校已经放假，高考前的休整假期里圆圆犯了很多学生都会犯的"考前综合征"：紧张，焦虑，甚至失眠。

或许是由于以前紧张的学习状态吧，每天在书山题海之下反而顾不上思考太多。现在一时间闲下来，很多以前没时间多想的问题一股脑涌出来。就像她现在，经常会不由自主地想一些问题，比如考不好怎么办，自己要是没有取得理想的成绩，爸爸妈妈会不会很失望？又会莫名其妙地想到自己还有哪道题、哪个知识点不熟练，等等一些她知道多想也无益的问题。可是圆圆自己也有种"力不从心"的感觉，控制不了自己的思维。她想用看书的方式来停止自己的胡思乱想，但是看书也无济于事，反而更让人心烦意乱。

更严重的是，圆圆晚上失眠，常常直到半夜还在床上辗转反侧。早晨拖着两个黑眼圈无精打采地起来做题，当然做题效率也比平时低了很多，这更让圆圆着急了。临近考试，突然却有种不会做题的感觉，这可怎么办才好？要是上了考场还是这样，那这所有的复习不都白费了！想到这些，圆圆更加害怕了。

妈妈看着圆圆每天焦虑的样子，很担心她这样下去会影响高考。但是妈妈也理解她现在的心情，担心自己过多的关注会给圆圆带来更大的压力，反而适得其反。所以为了帮助女儿战胜自己的心理，她没有选择说教安慰，而是每天在无微不至地照顾她生活的同时，给她找一些事情来"分神"，比如早上起床后一起跑跑步，锻炼锻炼，呼吸一下新鲜空气，晚饭后再一起出去散散步，平时也适当让圆圆做一些家务，好让她消除高考带来的特殊感。有空和孩子聊聊天，顺便说一些加油鼓励的话，几天过去了，妈妈发现圆圆的心态也有了明显的好转。

高考之前的复杂心情，只有亲自体验过才会知道。十年寒窗，十年苦读，背负着家长的期望和老师的教导，面临着越来越激烈的社会竞争，高考在每个学生和家庭心里的至高地位自然不言而喻。社会的舆论同样给每位考生制造了不小的压力。在这样的情况下，说高考前不紧张那是不可能的，也是不正常的。有压力很正常，在某种程度上也是一件好事，有压力也会有动力，而且也反映出孩子对高考的重视程度，但是考前过度的焦虑会对孩子造成一定的负面影响，影响休息就会影响到精神状态，这样对考试的正常发挥很不利。有的考生甚至在考试前过度紧张导致一些疾病的发生，例如头晕目眩、心悸不安，严重者甚至会出现"晕场"，即昏倒在考场上的情况。这其实都是心理压力过大的表现。家长要帮助孩子及时、正确地调整心理压力，以正确的应考心态，坦然面对高考。这样才有助于孩子发挥出最佳水平甚至超水平发挥，取得优异成绩。这里有几点建议供各位家长参考。

1.正确看待高考，从家长做起

学生辛苦学习十几年，老师尽心竭力辅导学生，就是为了迎接高考这一场至关重要的考试。望子成龙、望女成凤的父母更是对高考倾注了无限希望，整天在孩子耳边唠叨高考的重要性，监督孩子抓紧一切时间认真学习，时不时地还用"别人家的孩子"来刺激一下自己孩子的神经。更有放弃工作专门陪读的家长，为了孩子的学业真的可谓是愿意放弃一切。看着父母为自己的学业付出如此之多，接近成年人的孩子心里也会增添许多压力。其实孩子的压力有很大一部分来

自家长。家长过分看重成绩、看重高考，让孩子顿时"压力山大"。所以要给孩子减压，家长首先要正确看待高考，把高考当成一堂考试，当成对孩子多年辛苦学习的检验与回报，而不是当作改变命运的拐点，更不能对孩子实施逼迫、威胁等，让孩子从心底害怕高考。正如许多孩子所言，"不是怕高考，是怕家长失望的眼神"。所以，正确认识高考，各位家长应该首先从自身做起。

2.对孩子多鼓励，肯定孩子的付出，增加孩子的信心

如果家长的眼睛一味地盯着孩子的缺点和做得还不够好的地方，对孩子更多的是批评与责备，会让孩子失去信心，还未高考就已经否定了自己。带着这样的心态又怎么能考得好呢？临近高考，其实大多数学生已经复习得很好了，拥有的知识也足以应付高考，这时候就是比拼心态的时候了。家长要对孩子多鼓励，肯定孩子辛劳的付出，帮助孩子稳定情绪，找到自信，这样才能在考试中有稳定的发挥。鼓励，永远是最有力的支持方式，这一点不管是对小孩子还是高中生甚至对成年人都是有效的。因为人都希望得到肯定，尤其得到自己最亲近的人的鼓励与肯定，那在心理上也是一种莫大的慰藉。所以在这个时候，不要忘了，对孩子说一句："没问题，你一定可以的！"

3.适当"转移"孩子的注意力，不要让高考还未考就给孩子造成阴影

有时候孩子在考前的焦虑心情比较严重，可能采用语言安慰的方式作用不大，反倒因为这样的刺激让原本紧张的孩子变得更加暴躁焦虑，适得其反。在这样的情况下，家长就不要再多说什么，免得更加刺激紧张中的孩子。家长可以采用其他方式比如运动、出行、逛街或者看电影、陪孩子聊聊和高考无关的话题等方式来帮助孩子调剂心情。就像案例中圆圆的妈妈，这一点她做得就很好。和孩子晨起锻炼、散步逛街，而且用和平时没有太大差距的生活方式，比如做做家务等，给孩子营造一个轻松且和平时相差无几的生活环境，在这种没有被"特殊照顾"的环境里让孩子找到平常心态，轻松应对高考。家长们不妨借鉴一下这种方式，在高考前和孩子做做别的事，适当转移孩子的注意力，不要让高考成为一种负担，或者给孩子造成心理压力，还没考就留下了阴影，那么在考场上也会受到影响。当然了这期间还是以安全为主，不要离家太远，也不要因为放松而懈怠了学习，毕竟临考前的状态还是要以学习为主的。

让孩子在高考中少丢分的巧办法

马叶今年刚刚走过了自己人生中最关键的一步——高考，刚考完的时候她对自己的成绩十分有信心，她感觉所有的题自己在平时都练到了，除了几道特别难的数学题自己没有思路，其他科目自己都做得很好。

但是当老师发下试卷答案让同学们估分的时候，马叶慌了神。她发现自己的英语卷子很多地方做得不准确，总是和正确答案差一点点。马叶由于自己的粗心大意，在英语成绩上白白丢掉13分。在数学上又太经验主义，把高考中和自己平时所做的相似的题目完全等同了起来，没有认真审题。选择题还没30分钟就做完了，有的题完全是在凭自己的记忆在"猜"，没有一步一步计算。

"中共在民主革命时期的土地政策性质都是废除封建剥削制度，这还写着'都是'呢？我当时怎么就没看着！"马叶在对答案的时候恶狠狠地对自己说。

"科举制在我国封建社会一直起积极作用，这'一直'也是错的。"对完答案后马叶十分懊悔，她想自己今年的高考肯定失败了，总分比自己预期的要低很多，马虎大意丢掉的分数就有五十多分。

"妈妈，我这次的高考肯定完了，可能上二本都有困难。"马叶回家后和妈妈说道。

"为什么？你不是说今年的题很简单吗？"妈妈疑惑地问道。

"嗯，但是我因为粗心大意就丢了很多不该丢的分，将近五十分呢！"马叶哭着说。

"哎，平时就容易犯的毛病到高考了还没改过来！"妈妈看着女儿遗憾地说，"我平时就总和你说，数学一定要审清题再做，不然做得越多错

得越多，白白浪费时间，英语你的单词总是记得不准确，我总和你说一定要小心单复数、相近词的运用，语文写作文的时候要小心错别字，你真是一点都没听进去啊！"

"妈妈，我知道我的问题了，高考想考好就得把自己会的题完完整整做对！"马叶激动地说，"我决定补习，好好努力一年，争取明年考好！"

马叶高考没有获得好成绩的原因就是她没有拿到自己该拿的分，白白浪费了一次高考的机会。高考中取得高分的办法就是把自己会的题都做对，把自己该拿到的分都拿到。特别难的题大部分孩子都做不对，难题不会把孩子和别人的差距拉得太大，但是如果孩子在别人都拿分的题上失分，那么他的成绩就会比其他同学低很多。在孩子备考的阶段，家长该如何教孩子高考中少丢分甚至不丢分呢？下面从语、数、外三个科目，分别列出了一些帮助孩子在高考中少丢分的方法，供家长参考。

1.数学少丢分的方法

近几年的高考数学试题坚持稳中求新、新题不难、难题不怪的命题方向，强调"注意通性通法，淡化特殊技巧"，就是说高考最重视的是具有普遍意义的方法和相关的知识。考生在复习时要通过做一定数量的题，把基本方法练熟、练透，对典型题目要一题多解、一题多变，比较各种解法，哪是通用方法，哪是特殊方法，只有这样才能提高思维能力，总结出解题思路和解题规律。因此平时要加强定时、定量的训练，寻求合理、简捷的解题途径，提升做题的速度。孩子在答数学卷时不注意答题规范也容易失分，因此，考生在答数学卷时审题要仔细，不要根据自己的经验轻易下结论，对题目中给出的不太明显的一些条件(如参数的取值范围)，最好用笔画出来，以免思路受阻。考生以清晰的思路答题自然就会最大可能地避免不规范的毛病。

2.语文少丢分的方法

近几年在高考语文考试中特别强调了错别字会扣分，所以如果孩子在语文考试中的错别字太多，成绩就会受很大影响。例如重迭（叠）、粗旷（犷）、表帅（率）等这些易错字家长一定要让孩子注意。错别字一旦出现在作文里，会导致老师对文章的整体评分降低。另外就是孩子容易犯抄写性的错误，例如题干提问，"天生我材必有用"表达了作者什么样的思想感情，有考生在作答时，误写成"天生我才必有用"，因为这种非常低级的错误而丢分让人感到非常惋惜。另一方面很多学生文章写得好却没能得高分，主要原因是审题出现偏差。还有很多考生因为时间原因作文没有结尾，很多可能只差几句话就结束了，但因为作文不完整，评分同样会低一个档次。所以如果孩子写作文的时间不够，家长要教孩子赶紧用几句话把作文结束，这样可能字数不够但至少可以保证作文是完整的。

3.英语少丢分的方法

笔误和单复数出错等这种简单的问题是孩子们经常会犯的。考试中越是简单的地方孩子越要小心。因为粗心而失分在英语考试中十分常见，比如：experience在平日练习的时候考生们都知道它表示"经验"这个意思，是不可数名词，但高考中孩子一紧张便容易忘记原本熟练的知识，有的学生甚至还将student写成sludent。因此，孩子要以平常心去答卷，切莫因马虎或紧张而丢冤枉分。

阅读的分数在英语高考中所占的比例也很大，英语考试的成败就在于阅读。如果孩子能在阅读中多拿分，英语成绩一定不会差，所以家长要让孩子把握好英语阅读，争取在阅读题上少丢分。对于阅读题的选择，家长要告诫孩子千万不能凭自己的主观想法选择，不要选文中没有提到的事情或者是在意思上和文中的表述有细微差别的选项，这两种类型的选项特别容易迷惑孩子。否则即使他们能读懂文章也不能准确地选出答案，一不小心就在阅读中丢很多分。

告诉孩子，模拟考试是为了查漏补缺

肖倩是名高三的学生，大大小小的测验和考试几乎占据了她全部的生活。

为了让同学们准备好高考，老师经常会在班里组织小测验。除了这样的小考试，肖倩在高三还有三次重要的考试，那就是省里组织的模拟考试。

每年省内都会对即将高考的学生准备三次模拟考试，模拟考试对最后的高考具有很好的练兵作用。大部分学生都知道这三次考试的重要性，都会严肃认真地对待，肖倩也不例外。

第一次模拟考试后肖倩的成绩并不理想，总分离她的目标院校还有四五十分的差距。

"妈妈，这次模拟考试的总分离我想上的学校的录取分数线还差得很多，我该怎么办？马上就要高考了，我的分数还能再提升吗？"肖倩在吃晚饭的时候红着眼睛问妈妈。

"这不是才第一次模拟考试吗，怎么就对自己失去了信心？倩倩你还有时间，只要你愿意，多做一些努力，下一次模拟考试的成绩一定能提高。"妈妈鼓励她。

肖倩半信半疑地说："是吗？通过这次模拟考试我发现我存在好多问题，有的知识点在刚学的时候就没学会，所以考试的时候总是不会做那一类的题，有的知识点我还没复习到，考试的时候也想不起来该怎么答题……这么多地方我都没学好，还能来得及补救吗？"

肖倩的妈妈笑着说："认识到自己的问题就是解决问题的第一步，你知道让你们参加模拟考试的目的是什么吗？"

"让我们弄清自己的实力，看到自己真实的分数与学校录取线的差距。"肖倩回答道。

"嗯，你说的只是其中的一部分，还不是最重要的一点。模拟考试最主要的目的就是想让你们看到自己在考试中存在的问题，让你们知道该从哪里查漏补缺，以自己最好的状态去参考高考。所以你这次模拟考之后的任务就是进行查漏补缺，不要只关注自己的考试成绩。"

肖倩笑着说："原来是这样，我明白了。我不会让您失望的，不会再对自己这次模拟考的分数纠结了。"

"我这就去好好总结这次考试中出现的问题，把自己薄弱的地方补救起来。"肖倩说完便走向了自己的房间。

高三复习做题，有人把每份试卷看作一张张网，每次考试都相当于在捕鱼，如果发现有鱼从渔网上漏掉，就要及时修好渔网，下次捕鱼时才不至于有鱼再从这个洞里漏掉。故事中的肖倩在妈妈的帮助下认识到了模拟考试的目的：暴露自己学习中存在的不足，及时总结问题，改正并学会举一反三。高三有三次大型的模拟考试，每次模拟考试后，家长要教孩子及时总结失分因素，特别是一些非知识、非能力方面的失分因素，力争在以后的考试中不再失分。

对于三次模拟考试，孩子的成绩并不是最重要的，因为它毕竟还不是高考。模拟考最重要的目的还是检测孩子的备考状况，给孩子的复习提供依据，让他们发现自己没有掌握好的知识点，让孩子在高考之前能改正自己易犯的错误，掌握自己没有理解的知识点。所以，家长要教孩子利用好这三次大型的模拟考，不要让他们在模拟考中对高考失去信心，要让自己在模拟考中查漏补缺，提升自己的能力。下面一些教孩子通过模拟考查漏补缺的方法供家长参考。

1.教孩子总结错题

家长要让孩子准备一个错题本，把自己在模拟考中出现的所有典型问题都记下来，在听过老师的讲解后，自己再认真完整地重新做一次，之后每过一段时间就看一看。对于数学等理科性的科目，家长最好让孩子再亲自动手算一算，这样模拟考就能起到查漏补缺的作用。

2.让孩子锻炼自己的细心程度

有的孩子不细心，总会犯低级错误，家长便可以教孩子利用模拟考训练他们的细心程度。比如，在数学考试中，就需要将选择题当作大题来做，在解题的时候也像解大题那样一步步地做，这样可以大大降低犯低级错误的概率。对于数学的大题部分，在答题习惯上要做到严谨。孩子越细心，在模拟考中就能越好地发现自己的问题。如果孩子总是把"粗心大意"当作自己失分的理由，认为自己不是不会做，只是不小心做错了而已，那么他们永远不敢承认自己有地方没学会，不能及时查漏补缺。所以，家长要教孩子在模拟考中足够细心，分清自己失分的地方到底是因为粗心还是因为不会做。

3.模拟考后教孩子练习自己薄弱的地方

考试后，家长要让孩子练习自己在考试中所犯的错误。在孩子发现自己答题比较弱的题型后，家长要让他们对题目进行分类和整理，有针对性地攻克知识难点。比如，概率不好就专门做概率的题，立体几何不好就专门找几何的题做。有针对性地做题才能让孩子在短时间内快速提升自己的得分率，掌握自己没有掌握好的知识点。

教孩子小考大考一样考

小斯的学习成绩在班里一直不温不火，虽然很平稳但是离考好大学的标准还有很大的差距。小斯是个愿意下功夫的孩子，她的基础知识十分扎实，每次考试不能拔尖的原因并不在于她不愿意下功夫，而是因为小斯在考场上特别紧张，所以最后的表现总是不尽如人意。

一次，平时测验的成绩下来后，同学们都在研究自己的分数。

"这道题这么简单，我当时怎么就想不出来呢！"小斯看着自己丢分的选择题自言自语道。

"小斯，其实你现在的学习状态不错，自己会做的题一般都能拿到分。有的比较难的题其实凭你的能力你也是可以做出来的，但是可能由于你当时太紧张了，解题思路比较闭塞，反应速度变慢了。"数学老师看到小斯发愁的样子便走来开导她。

"老师，那我该怎么办呢？我的目标不仅仅是考上大学而且是考上好大学。"小斯对老师说着自己的目标。

"嗯，老师十分理解你的心情，你的目标带给了你动力的同时也带给了你压力，所以你在考场上不容易放开自己的思路。如果你把这种情绪继续延续到高考考场上，你最后的成绩也不会很出色。"老师耐心地对小斯说道，"最好的办法就是你把我们每次的测验都当成高考，你要在平时的考试中训练自己的心理素质，告诉自己这就是高考，但是你在平时的考试中还要努力学会调整自己的心态，告诉自己这是决定自己命运的一场考试，自己不能慌，自己要冷静下来。经过长时间的训练，你在考场上的心理素质就会有所提升，在面对有一定难度的题的时候你就能放开自己的思路思考了，而不会一个方法做不出来就没有了办法。"

"老师的意思是说让我把每次测验都当成高考，在自己假设的环境氛围中训练自己的心理素质，然后等到了真正的高考考场上，我就可以坦然冷静地面对自己无法一下就思考出来的问题了吗？"小斯半信半疑地看着老师。

"是这样，如果你在平时的考试中训练出了自己的心理素质，到了高考考场你也会把它当成平时的考试一样，因为你已经培养了一种理性面对考试的心理习惯，习惯的惯性可以帮你在高考考场中取胜，战胜你自己紧张的心理。"老师继续对小斯解释道。

小斯笑着点头说："原来是这样，好的，老师我明白了，下次考试我就开始这样训练自己。"

故事中的小斯在考试中出现的问题是很多孩子在面对高考时经常会出现的情况，对于这种心理现象，孩子需要做的就是在平时的考试中多锻炼自己的心理素质，把平时的考试当成高考，把高考当成平时的测验。

高考对于孩子们来说既是水平考试又是选拔考试。就考试成败而言，知识水平固然起着决定作用，但心理状态的好坏直接影响着高考成绩。一般来讲，面临高考

的同学难免会出现紧张的心理状态。老师、家长对孩子的期望值过高，考生间的激烈竞争以及邻居的议论，都会对孩子形成强大的心理压力，导致他们对考试怯场。

如果孩子不能及时发现自己的不良情绪，那么他们在考试中就始终不能发挥出自己最好的水平，在最终的高考中也不会获胜，所以家长在孩子准备高考的过程中要教孩子训练自己的心理素质，将每次测验当作高考，将高考当作平时的测验。下面列出了一些帮孩子培养良好的高考心理状态的方法供家长参考。

1.按高考的考试时间安排自己的作息时间

在高考来临之前，家长可以教孩子在平时测试中提前适应高考的考试时间。比如，有的同学晚上精力充沛、思维敏捷，就应该逐渐调整到白天能达到这种状态，因为考试是在白天进行的。孩子应合理安排自己的休息时间、复习时间及饮食时间，这样在高考的时候，孩子们就能维持自己平常生活的节奏、作息时间，该做什么就做什么，不会因为自己的生活习惯上的不适而在高考考场上产生紧张的情绪。

2.教孩子调节考试心态

家长应及早地教孩子学会调整自己的心理状态，如果孩子在高考考场上出现了紧张的心态自己也能及时做出调整。深呼吸是调整情绪的一种好方法，简便易行，能帮助孩子稳定情绪、放松等。面对孩子在考场上的紧张情绪，家长可以教孩子在发考试试卷之前在自己座位上闭目等待，然后开始深呼吸，吸气时要缓慢，呼气时更要缓慢。在平时的考试中教孩子经常训练，那么在孩子参加高考的时候，其心理素质就会有很大的进步。

3.教孩子在平时考试中做到高考的标准

在平时测验时，有的孩子做题十分不规范，不注意自己的答题方式，也不注意把握自己的答题时间，经常出现做不完的情况。这种情况也会给孩子在高考中造成心理压力。他们总害怕自己做不完题，不愿花时间仔细完成每一题，在高考的时候容易出现一味追求做题速度的情况。家长要教孩子在平时做题的时候要按时间完成，限时答卷，用标准的考试语言答题，按每道题的考试要求答题。考试时，要尽量少去想考试的结果，即使遇到有题目不会做的情况也不要紧张。家长要开导孩子，只要在平时的测验中规范答题，把自己会做的题都拿到满分，那么自己的成绩就不会很差。

第9章

提醒孩子，选大学也是一个机遇

让孩子了解关于大学的知识

晴晴是一名高中三年级的学生。马上面临着高考上大学，家里的气氛也随着高考的临近而日益地紧张起来。晴晴在家的时候，家里的电视基本不开，打电话的时候也是声音尽量减小，或者到楼道里接打电话。

高考前一周，晴晴的妈妈就把晴晴高考几天的菜谱列了出来，经过晴晴的同意之后，把需要采购的牛奶、禽蛋等提前到超市准备好了。

紧张的高考三天刚过，来不及喘息的一家人又开始忙着为晴晴挑大学、选专业了。根据晴晴平时在班级里的成绩和高考的发挥程度，家里人在网上为晴晴挑选着大学和专业。晴晴则是和同学们多次去学校找老师和已经上了大学的师哥、师姐们"取经"，希望能够找到对填报志愿有价值的信息。

晴晴的父母也在网上查找各种关于填报志愿的信息。可是面对众多的大学和专业，他们也不知道该如何为晴晴选择了。正在有点摸不着头脑之际，晴晴所在的高中专门请了一些教育系统的专家到学校办了一次关于高考填报志愿的讲座，让晴晴和家人受益颇多。

在专家的建议下，晴晴明确了自己的高考志愿，终于如愿以偿地拿到了心目中理想大学的录取通知书。

参加过高考的人都会有这样的感受，对于高考之后的志愿选择真可谓是"三分成绩、七分志愿"。一所好的大学对于孩子的未来有着至关重要的影响，也会影响以后孩子的就业和事业的发展方向。从这种意义上来说，填报志愿应该是高考结束之后，作为孩子和家长最为重要的一项工作。让孩子的高考分数得到最大限度的发挥以及最大限度地提高孩子所报考志愿的录取成功率，是所有家长和孩子追求的目标。

孩子在填报高考志愿之前，必须了解目前国内高校的基本情况。目前高校录取是根据考生的分数，从高分到低分分批次录取的，这也就是我们通常所说的一本、二本的批次。

目前高校的录取分三个批次：一本、二本、三本。

一本通常指的是全国重点大学，很多是国家的211工程院校，从学校实力和师资力量上来说通常要好于二本学校。

二本为第二批次录取的本科大学，大多数是一般的综合性大学。二本也有一些比较强的专业。而且由于地域性特点，有一些二本院校的就业情况也是不错的。

三本为第三批次录取的本科院校。三本以大学自主自办的二级学院为主，通常收费会比较高。

高校招生时所在的本科录取批次的划分依据主要是由各省级高校招生委员会根据本地招生工作的实际，以及高等学校的办学质量、办学条件、办学历史、生源情况和国家重点保障学科等情况，经过与高校协商之后划分的。在大学毕业证上不会显示出是一本还是二本。本科毕业之后会有毕业证和学位证两本证书。因此，从孩子的角度来说，选择适合孩子的院校才是最重要的。

专科以专业技术的学习为主，培养具有某种专业知识和技能的中高级人才，以培养管理、服务一线和广大农村工作的技术应用人才为主。

从高考志愿的选择时间来说，最好是高考结束之后就立即着手报考志愿的工作。尽管这时候最终的考试成绩还没有公布，但是并不影响家长和孩子先对中国的大学和录取的相关情况进行摸底调查，在了解孩子大致的意向的前提下了解学校和专业设置。家长和孩子关注的重点是通过高校的招生简章了解高校的基本情况，包括院校隶属关系、院校性质及层次、办学的规模、院系专业设置、收费标准、奖学助学措施和加分政策。还有一些学校的专业会，对单科成绩及其他方面有要求，比如对外语的要求，对男女生招收比例的要求，对身体健康的要求等。

了解大学信息的主要途径包括如下几种。

1.高考填报志愿指南

在高考成绩公布之后，填报志愿的时候，每所高中院校都会为考生发放一本填报志愿指南，也称为"白皮书"。书上会列出所有高校、专业以及往年的分数线作为考生填报志愿的参考依据。这本书最大的优点是权威、全面，但是不够细致。如果考生要了解更为详细的信息，还需要通过其他的途径。

2.各个高校的网站

各个高校都会有自己的官网，考生可以通过网络了解学校更为详细的信息，尤其是院系情况，包括专业课程设置和师资情况等，也可以看到大学校园的环境。通过官网了解的高校信息更为全面、具体。

3.高校内的熟人朋友

如果家长认识在大学里任职的教授等，则可以直接向他们了解大学的具体情况。他们不仅能够给出高校的具体的信息和基本情况的介绍，而且可以凭借其专业型和对高校的熟悉给出合理化的建议和参考意见。这是一种比较适宜孩子选择志愿的途径，但是会受到诸多的限制，毕竟不是每个人都能有那么多的高校内的教授朋友的，所以适用范围比较狭窄。

4.高校专家平台

对于大多数的家长来说，目前可以通过一些网络平台了解高校的信息。可以通过相关的高校专家网络，查询大学和专业的相关信息，寻找到比较权威的教授，进行一对一的沟通，可以了解到比较准确的大学内部的信息。

除此之外，还可以通过在高校就读的学长、学姐了解相关信息。在一些高校做招生宣传的时候，可以向招生的老师咨询相关信息等。

其实，选专业比选学校更重要

陈晨今年刚刚参加完高考，这几天正在为报考什么专业而一筹莫展。他的分数刚过重点线。在专业的选择上，他和父母的意见出现了分歧。

陈晨说："我从小热爱家用电器之类的东西，想选报与电子有关的

专业。"

父母说："还是热门专业好就业，报热门。"

陈晨其实从小就对电子产品非常感兴趣。他在八岁的时候就曾经拆了家里的闹钟。到现在，家里的电器几乎都被他研究过。电风扇、电视机、洗衣机等出现小问题，他都能修好。但是，陈晨的母亲认为电子专业的就业率不高，而且工作的环境差，工作又辛苦。他们希望孩子能够报一些在写字楼里工作的专业，比如计算机等。但是，陈晨早就听说，很多高三复读的人都是因为报考了热门专业，但录取分数线过高导致没有被录取的情况。

陈晨怕选择自己感兴趣的专业会伤了父母的心，但是报热门的专业竞争压力又会较大，自己没有兴趣也不一定就能学得好。他陷入了两难境地。

有人说，"学校只陪你四年，专业却关乎你的职业发展，伴随你一辈子"，因此，高考生在选择专业的时候要花费更多的时间和精力。

随着高校扩招和多层次办学的发展，目前大学毕业生的就业形势严峻，因此很多考生在填报志愿的时候都会更多地考虑某个专业的就业率。然而单纯以就业率而选择专业的方式是不够科学全面的。

当前，国内经公开渠道发布的就业率主要是根据毕业生在毕业前也就是九月份之前一次就业率的统计数据。目前发布就业率的主要部门有教育部、人社部、就业指导部门和各个高校，以及社会上的调研机构和公司等。在就业率的统计中，他们通常会把读研、出国留学、灵活就业、自主创业等都统计到就业率之中。因此，考生和家长看到的就业率仅仅可以作为参考。如果能够找到近几年某个专业的就业率，那么从就业趋势上来判断该专业的就业率还是比较科学合理的。

就业率是之前考生的就业情况的统计，而四年之后的就业形势往往会发生较大的变化，因此家长在为考生选择专业的时候不能单纯以就业率来判断是否合适。

根据专家的观点，考生在选择专业的时候要选择适合自己实力和潜力的专业，同时选择自己比较感兴趣的专业，才是最好的专业。建议综合考虑学校所在的地域，根据地域选择适合自己的院校和专业。在选择专业的时候必须考虑的要素有以下几种。

1.孩子的兴趣、性格

根据孩子的兴趣和性格特点选择适合的专业是填报志愿的前提。对于兴趣不是特别明显的孩子来说，性格就成为选择专业的前提条件了。简单来说，性格主要分为内向和外向两种。一般看来，外向的人更适合选择能够充分发挥自己行动能力和积极性的专业，比如传媒、播音主持、市场营销、经济、法律等；内向的人更适合选择具有计划性、逻辑性较强的专业，比如科研、技术类。

有条件的家长还可以让孩子做相关的职业趋向的心理测试，能够给孩子的专业选择提供一些指导和帮助，比如霍兰德职业兴趣测试等。

2.根据职业选择专业

查找当地紧缺人才目录。根据相关政策的要求，目前各地的人事部门都会公布当地紧缺人才目录。通过对这些文件信息查阅，可以了解各地人才需求的趋势，也可以为考生填报志愿提供一定的参考。

关注高校新增专业。高校的专业会根据社会就业需求每年做适当的调整。新增加的专业大多数为经济发展中的支柱和新兴产业中的热门专业。这些专业大多属于目前的紧缺人才和热门人才，也可以作为填报志愿的依据。比如近几年的物流管理、动画制作、车辆工程等专业就符合这一特点。

对于新增加的专业，家长和考生不能认为新专业就一定是热门专业，一定就会好就业。对于新增加的专业要多做了解和慎重考虑。此外，新增加的专业也没有相关录取分数作为参考依据，也会给填报造成更多的不确定性。

关注近几年的就业排行榜和就业热点。家长和考生在选择专业的时候，还可以通过网络的途径参考各种就业排行榜。这种排行榜虽然受到各种因素的限制和制约，不能做到完全的客观全面，但是对于考生填报志愿还是具有一定的参考价值的。尤其是相对权威的部门和机构发布的信息，比如中国社会科学院每年发布的《社会蓝皮书》等都可以作为参考依据。

就业的热点主要是指当地人事部门、人才市场、招聘网站等公布的具有一定时效性的人才需求信息。

对于这些热门专业，需要考生和家长能够冷静地对待。在收集这类信息的时候，要综合了解社会经济的发展情况和人才需求的趋势和行业的走向，以此做出比较科学的判断和选择。

向专业人士"取经"。身在职场的专业人士，对于自己所从事的工作和专业的情况会了解得更加清楚，其分析也会更加深刻和透彻，因此，家长和考生可以通过多种渠道去了解这些人士的意见。

对于有条件的考生，可以通过暑期打工的方式提前了解一些专业的就业情况，这样可以避免由于单纯理论层面的理解造成的信息不全和理解偏颇的情况，同时有利于锻炼孩子的吃苦能力。

总之，在专业的选择上要更加慎重和理性，不应该单纯只看专业的就业和薪酬，而是综合考虑，权衡发展潜力，最终选择孩子理想的专业。

正确看待新增加的专业

英子是今年某大学的毕业生，即将走上工作岗位，可是英子当初选择的热门专业今年的就业形势却非常严峻。

英子高考的时候选择了某大学新增加的种子科学与工程专业。当时英子和父母都认为新专业代表着就业需求不足，而且由于在之前没有毕业生，也不会造成因为竞争压力过大而出现的就业难的情况。可是四年过去了，英子发现这个专业从根本上来说还是属于农学的一个分支，而且英子所在的大学农学院并非最有竞争优势的学院。农学院的就业情况普遍比较低，这个新增加的专业自然也无法热起来。

面对巨大的就业压力，英子决定放弃继续找工作，而是选择了考研，希望通过研究生的深造，选择一门工作面比较广的专业，增加自己三年之后的竞争力。

英子所面临的问题就是在高考的时候选择了新增加的所谓的热门专业。但是由于不了解新增加专业的相关情况，以及学校的整体的师资力量和重点学科，造成了四年后的就业困难。在不得已的情况下，英子只好选择读研作为自己的出路。

因此，在高考之后填报志愿的时候要切实结合多方面的信息，全面了解高校新增加专业的基本情况之后，再决定是否报考。同时要注意，新增专业不代表热门专业，即使现在是"热门"，在四年之后也可能成为"冷门"。对待新增加的专业，考生和家长应该更加谨慎地对待。

新增加的专业一般属于目前市场上比较紧缺的热门人才，比如前几年的旅游专业、酒店管理专业等。通常这些新专业的就业率要超过60%。部分新增专业的名称与环保、新能源等新名词相关，比如辐射防护与环境工程专业、真空电子技术专业、再生资源科学与技术专业等。

对于新增专业，考生和家长要了解如下的情况。

1.了解新增加专业的师资情况

就目前的情况来看，高校中每年新增的专业，大多数都是与当前的社会经济发展和实际需要相互吻合的，比如近几年的翻译专业、互联网工程等。但是，由于缺乏相关专业的办学经验和学科积淀，也有很多的考生和家长，担心填报这些新增加的专业的考生会成为学校的"试验品"而有所顾忌。

因此，考生报考相关专业之前一定要结合院校的学科背景进行，并结合个人的实际情况进行综合考虑。如果新增加的专业与高校的优势和特点相一致，那么，专业实力和师资队伍也会比较强。否则，考生如果选择的不是学校比较强项的专业和学科，那么就需要更加谨慎选择了。

2.了解新专业的就业情况

很多考生和家长之所以选择填报新专业，主要是出于就业方面的考虑。他们认为这些新专业表明了目前社会上的热门学科和紧缺人才，将来的就业前景肯定

要好于传统学科。其实，根据多年的新专业就业统计结果来看，这些新增专业的就业情况没有想象中的乐观。很多高校的新增专业就业情况并不太理想。

这就需要考生和家长综合考虑新增专业的就业情况，再做出选择。一些新增加的热门专业，在四年后可能已经达到市场需求的饱和，而且市场的供需关系在不断地调整变化之中，也会出现相应的变化和调整。其实，针对就业形势的分析和判断，无论是新专业还是老专业都会有一定的风险。给考生和家长的建议，就是不能盲目追求热门的新专业，要结合考生自己的兴趣和爱好来考虑，选择合适的专业才是最重要的。

在决定选择哪一专业之前，要全面了解专业的培养目标、主要课程、主要师资和学科设置、科研特色等相关的内容。

3.对新增专业的选择要长远考虑，防止四年之后"过剩"

很多高校对于新增专业的选择和开设是结合社会需求和本校的师资情况进行的综合决定。但是，所有的新增加专业都有一个共同的特点：不是学校的强项专业。尤其是刚刚开设的新专业，专业的质量和未来的发展前景都处于未知状态。因此新专业对于希望本科毕业之后就立刻工作的考生是不太合适的，要慎重填报。

相关专家提醒考生和家长们，在填报专业的时候，如果选择的是新专业，不能只看眼前，要长远地进行考虑。对于四年之后的情况做出适当的分析和判断，避免出现报考的时候是的热门，而四年之后出现人才"过剩"的情况。

4.从三方面着手，帮助你更好地选择专业

对于新专业的选择，考生和家长可以从三个方面着手进行判断。首先，找到专业所属的学科类别，再结合这些学科与大学的办学特点和优势之间的关系。如果是学校的强势所在，在分数允许的情况下则可以填报，否则就要重新考虑其他的专业。其次，要了解新专业所属的学科录取分数居中或者偏高的专业，根据这些专业的近三年的录取资料和分数情况，判断新专业的录取分数。最后，在分析出以上专业的录取分数之后还要再加上十分，作为新增专业的录取分数段。

通过这些步骤的操作和考虑，相信能够帮助考生和家长选择适合自己的新增专业，从而增加考生的录取概率。

如何对待高校自主招生

陈冉是一名品学兼优的高中生，今年马上就面临着上高三，参加高考了。一直名列前茅的陈冉早就已经选择了自己理想中的大学。按照目前的成绩来看，只要高考的时候能够正常发挥被录取应该是没有问题的。

在紧锣密鼓的高三学习、复习中，陈冉也经常上网关注一些高考的最新政策和信息。有一次，在无意之中，陈冉打开了一个介绍高校自主招生的网页。陈冉发现自己想要报考的大学就在自主招生的学校之内。

经过多种渠道的了解，陈冉基本上清楚了自主招生的流程和要求。在学校和父母的帮助下，陈冉顺利地通过了自主招生考试，获得了加分的资格。

在高考结束之后不久，陈冉终于拿到了大学的录取通知书。作为陈冉所在高中的第一名自主招生成功的学生，学校专门安排了陈冉的一场自主招生的专题讲座。陈冉俨然成了学校的小明星。

陈冉是一名既热爱学习又关注外界信息较多的孩子，也正是因为如此，才让她把握住了高校自主招生的机会，成功地考上了理想中的大学。

其实，高校自主招生政策已经有十多年的历史。最初的自主招生开始于2003年。自主招生的目的是为了选拔一些具有特殊才能的学生，是一种关于人才选拔机制的大胆创新。根据教育部的相关规定，具有自主招生资格的院校可以用不超过本年度本科招生计划总数5%的名额用于自主招生。

自主招生的实施有其特殊的优点，也不可避免的有不完善的地方。

多年高考的实施，已经出现了一些无法避免的弊端，高校的自主招生正是对高考制度改革的一次大胆尝试。通过自主招生的形式，可以选拔那些不

容易通过高考的特殊人才。从国家的角度来看，是为了实现"不拘一格降人才"的初衷。自主招生给了高校更多的选择权，高校可以通过这种自主招生将更多的优秀人才收揽到自己的学校，增加学校的实力。

而且，这种高考之前的自主招生，由于不会影响到孩子正常参加高考，相当于给孩子增加了一次升入大学的机会，也被很多学生和家长所认可。通过自主招生考试的学生，在报考这所大学的某个专业时，能够获得很大程度的高考成绩加分，也增加了孩子升入理想大学的概率。

同时，自主招生也存在着一定的弊病。最突出的就是自主招生的试题和考试思路与高考有很大的区别。一些优秀的考生在准备自主招生考试的时候，往往会花费大量的时间和精力，如果安排不好，会影响正常高考的复习和准备。而且，自主招生的考试都是在大城市里面进行的，由于地域的差异性，很多农村的优秀孩子往往无法参加自主招生考试。

面对自主招生的优势和不足，需要考生和家长调整好心态，理性地看待高校的自主招生。考生和家长需要注意的问题主要有以下几点。

1.不是所有的孩子都适合参加自主招生

在高中的时候学习成绩比较优秀，或者有一定专业特长的孩子，可以参加自主招生的考试。如果勉为其难地让不合适的孩子参加自主招生，不仅对孩子的升学起不到好的作用，反而容易挫伤孩子的积极性，影响正常的高考。

对于自主招生考试，孩子要保持良好的心态。考试更看重考生的综合能力和良好的应试心态。孩子为了参加自主招生考试而花费大量时间临时准备、复习没有太多的必要，对考试也不会有较大的帮助。

孩子在参加自主招生的考试时，只要将它作为一场平时的考试就可以了，尽量发挥出自己的真实水平。

2.参加自主考试的孩子家长要调整好心态

如果你的孩子能够具备参加自主招生考试的资格和实力，那么说明孩子已经非常优秀了，这是一件非常好的事情。但是，作为家长也要具备正确的心态，不能把自主招生考试作为"一考定终身"的事情，而是要以平常心去对待孩子的自主招生考试。

家长既不能对孩子期望太高，从而造成孩子无形的压力，同时也要保留一些让孩子不断向上的激情和动力。

家长应当把孩子的自主招生考试看作高考的一次实战模拟考，作为一次实际锻炼的机会，增加孩子的人生阅历。家长要告诉孩子，不要因为自主招生考试花费大量的时间和精力，以至于耽误了正常的高考复习。

家长不能盲目地让孩子参加自主招生的考试，除了要尊重孩子自己的意愿之外，还要多征求学校和老师的意见和看法，以帮助家长做出合理的判断和选择。

最后，再次强调，家长和孩子在准备高校自主招生考试的时候，不要耽误了正常的学习，也不能因为一次成绩的好坏影响了以后的复习情绪，情绪失落或者自满都是不可取的。要始终谨记，最终的高考才是最为重要的。

考不好一定要复读吗？

李熙在高考的前几天突发急性肠胃炎，在高考开始的时候身体还没有完全恢复。李熙对于自己的这次高考结果也就没有报太好的打算。考完试就开始琢磨着复读的事情了。

李熙的学习成绩在班级中属于中等，正常发挥的话，上一个二本的学校是不成问题的。平时，李熙不会像那些学习成绩特别好的孩子一样拼命地学习，而是非常注重合理的时间分配和安排。比如在晚自习的时候，好多同学都会连续几个小时地做题、复习，但是李熙每天都会抽出半个小时的时间去操场打球或者跑步，做做运动。

这次考试之前的肠胃炎就是因为李熙和几个朋友出去吃饭的时候没有注意，吃了不干净的东西造成的。对于这件事情，李熙觉得还是自己过于放松，没有全副精力地准备高考的缘故。

李熙想，如果能够将精力再集中放在学习上，身体如果不出问题的话，复读一年还是有希望冲刺一下一本的。

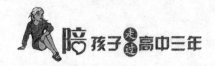

在综合考虑了自身的情况之后，李熙决心再复读一年。他的决定也得到了家长和老师的认可。

高考作为人生中最为关键的一步，无论是考生还是家长，都必须认真、慎重地对待。如果高考成绩不理想，或者没有被理想的学校或专业录取，复读就成了一条必须考虑的途径。

复读其实就是用一年的努力和付出换取一个期望中的未来。想复读的考生都需要具备一定的勇气，勇敢地面对人生的挫折，锻炼自己的耐力。复读对于考生本人来说也是一个磨炼的机会。

但是，并不是所有的孩子都适合复读。判断孩子是否适合复读通常要综合考虑以下的这些因素。

1.考生自己有复读的强烈愿望

是否选择复读要由考生自己决定，如果考生愿意复读，父母要给予充分的理解和支持，如果不愿意，父母也不要强迫。否则只会多浪费孩子一年的光阴，对于成绩的提高没有任何好处。

如果考生不满足于本次高考的成绩和结果，而自动、自发地要进行复读，其主观愿望越强烈，复读的动力越大，能够突破自己的可能性也就越大。在这种情况下，家长则要全面客观地帮助考生分析复读的优点和缺点，让考生在全面了解的基础上再做出选择。如果考生依然选择复读，则可以说明复读的动力是足够的。

2.明确复读的目标和提升的空间

考生选择复读之前要明确自己这次考试失利或者未被录取的原因，同时要明确自己的复读目标。既不能期望过高，也不能原地踏步，过于松懈。对于本次考试失利是由于学习方法原因还是个人习惯的问题，或者是心理素质原因，只有在清楚了解这些的前提下，复读才能更加有的放矢地进行。

在明确了这些之后，就需要考生为自己制订复读的目标了。确定目标之前，需要考生综合分析自己的实力。这就需要考生把自己进入高三以来历次重要考试成绩在本校的排位情况做一个统计分析，以此评估出自己比较稳定的名次，再结合高考中对应的院校层次，就能判断出适合自己的院校范围了。总之，复读目标的达成一定是在可以提升的空间和能力范围之内的。

很多复读的考生并不是因为落榜，而是对自己的成绩不满意，或者对录取的大学和专业不满意，这种情况的复读则需要考生了解自己的潜力。

潜力就是考生的实力，经过一年的复读如果能够将潜力充分地发挥出来，以帮助考生提高考试的成绩，那么考生就应该复读。考生目前的实力加上潜力的发挥，如果能够提升一个档次，那么这样的考生是比较适合复读的。

3.具有坚定的毅力和平和的心态

选择复读的考生更要具备良好的心理素质。心理承受能力差、患得患失、心态不稳定的考生是不适合复读的。只有保持复读过程中平和、乐观、稳定的态度，才能保证复读的效果和第二次高考的正常发挥。

复读生所经受的压力和困难要比应届生高出许多，没有良好的心理素质和坚定的毅力很难坚持下来。因此，在复读之前一定要做好吃苦的准备。

目前，从我国的教育体制和方式上来说，学习是一件枯燥的差事。每天废寝忘食地置身于书山题海之中，枯燥乏味，毫无乐趣可言。复读的过程又是不断重复学习以前的知识，做以前的习题的过程，复读生更要有超强的毅力。复读生要接受刚刚经历过的失败，要敢于正视自己的不足，养成良好的学习习惯。

在复读的一年中，对于复读生意志力和心态的考验，一般认为有两次：一次是第一学期的期末考试；第二次是一模。经过一段时间的努力之后，孩子的体力和精力都消耗到了极限，在需要检验学习效果的这两次关键的考试中，如果出现成绩不理想的情况，很多孩子可能无法面对巨大的落差，会出现情绪不稳、消极被动的情况。因此，复读的过程重要的是在于坚持，任何一个阶段成绩都不代表着最后的高考。

在了解了复读这些情况之后，就可以做出是否复读的决定了。其实，复读是用一年的时光获得了比别人更多的锻炼和更好的机遇。2002年的山西理科状元张骁阳就是一位复读生。他说："过去的事情已成为过去，高考并没有什么阴影，只要你能够保持一个很好的心态，只要你能够承认自己，永远不要对自己丧失信心，总有一天你会在一个方面做出卓越的贡献。"复读的一年，对于每个人都是

一次难得的磨炼和成长的机会，很多事业有成的人都曾经有过复读的经历，阿里巴巴董事局主席马云曾经复读三次，新东方总裁俞敏洪也曾经复读三次。

复读作为一种特殊的人生经历，能够增强人们抗挫折的能力，当他们面对失败和风险的时候，要比没有经历过复读的人成熟许多。因此，对待复读要保持乐观的心态。能够顺利考入理想的大学自然是最好不过的事情，但是如果因为各种原因一朝失利，也可以选择复读来为自己赢得一个更好的未来。

关注高招咨询

新颖所在的城市，每年高考结束之后教育局和相关的高校都会联合举办一场比较有规模的高招咨询会。今年参加完高考之后，新颖特别关注了一下高招会的情况。

她发现今天的高招会有将近一百所高校参加，举办的时间只有一天。对于这么多的高校，新颖如果在现场逐个去咨询招生的老师显然是不现实的。为了让高招会更加有效果，新颖花了一定的时间查阅相关院校的信息和参加高招会的注意事项。

不查不知道，原来参加高招会还有很多的技巧呢。比如在网上就说，参加高招会之前要做大量的准备工作。参会的时候要有的放矢地提问和咨询，而不能眉毛胡子一把抓，应抓住主要问题提问。最为重要的一点，就是参会的时候要有目标院校，同时要留下招生老师的联系方式，以方便随时保持联系。

看完之后，新颖专门准备了本子做了笔记，锁定了五所目标院校，同时针对专业提出了自己的问题，并把问题逐一列举出来。

新颖是一名很有心的孩子，相信她通过这种方式能够在高招会上有很大的收获。每年高考结束之后，各省市的相关部门和高校都会组织一些专场的高考招生咨询会。通过这些高招咨询会，考生和家长可以集中地了解大量的高校信息，同时也能够直接和高校的招生负责人面对面交流，更透彻地了解高校的基本情况。因此，高招咨询对于考生的高考志愿填报会有很大的帮助。

对于高招咨询会，在参会之前需要做一定的准备工作。

1.参会前了解相关高校的招生信息

高招咨询会上的学校和人员通常会比较多，在现场再进行院校的选择会有比较大的困难，因此在参会之前就需要家长和考生事先读透参会院校的招生简章，有目的地选择其中的几所院校进行着重的了解。

2.了解学校的时候不能只看录取分数，更要关注学校的实力

在参会之前，要通过网络等途径查询高校的整体实力。有些家长会错误地认为录取分数高的学校就是好学校。其实录取的分数取决于当年的高考的试题难易程度、报考的人数以及报考考生当年的高考分数等因素。因此，家长不要盲目地认为分数高的就是好学校、好专业。

对于高校实力的了解，家长和考生可以从高校的隶属关系、办学层次、硬件设施、师资力量等多方面考察，同时不能忽视校风的考察。"985""211工程""建有研究生院"等信息都可以充分表明高校的综合实力。

3.详细了解专业的内涵

高招会上的咨询重点就是相关专业信息的了解。在了解相关专业的情况的时候，要避免根据专业名称盲目判断，而应该更多地从课程设置、师资情况、就业情况来判断。同时，还要了解近三年的录取情况，包括最高分、最低分和平均分等这些有较大参考价值的数据。

在做好了充分的准备之后，就可以去参加高招会了，参会的过程中需要重点了解和询问的问题主要有以下几个。

1.了解录取规则

考生在初步了解今年高校的招生简章之后，需要在高招会上着重向老师咨询招生的变化情况，比如近三年的扩招情况、在本省的生源情况，以及招生政策的相关变动，包括人数和专业的变化等。从这些信息也能分析出该高校在本省招生

的宗旨和原则，如果前几年招生人数较多，而今年突然减少则可能是由于本省的生源数量比较少等原因造成的。这时候，就需要家长和考生再综合考虑生源减少的原因，以确定是否选择此高校。

有些高校的专业会设有专业级差，在录取分数的时候还会有原始分和投档分的区别，这些都是需要在高招会上详细了解的内容。如果考生准备报考的是一些特殊的专业，就需要特别留意专业对于身体条件、专业分数等的要求。

2.咨询录取预估线

考生和家长要向高校招生老师详细了解近三年的录取情况，包括提档分数、最低分数，以及专业的平均分和最低、最高分，还要了解近几年相关专业的调剂情况，包括二志愿的录取情况和可以调剂的专业等信息。

考生和家长需要详细了解该高校历年在本省的招生的排位及录取分数线，以及今年的预估线、报考风险和其他需要注意的事项等。

关于录取规则的了解，则需要清楚各专业的提档比例、提档原则，以及关于不退档的承诺等，以及相关专业的录取规则是按照分数优先还是志愿优先。关于专业条件的问题需要了解是大类调剂还是全专业调剂等。

3.了解人才培养和就业前景

考生和家长还要咨询相关人才的培养计划，包括实验班计划、拔尖计划、双修情况、对外交流、转专业情况等内容。

关于毕业生的情况，除了要了解就业率，还要详细询问毕业生的就业方向和职业、出国深造情况，保研、考研比例等。这些信息都能够帮助考生和家长判断以后的就业情况。

4.学校的基本情况

对于学校的情况的了解也很重要：

（1）着重了解学校重点专业、特色专业、学科建设等内容。

（2）询问校园环境和氛围：包括住宿情况，交通情况，如果是在分校的学校就要着重了解；学习管理以及校园活动等。

（3）进校后的调整情况：是否有二考、转专业的条件和可转专业。尽量询问到近几年的实际情况，而避免只是了解政策性的内容。

（4）其他特殊情况：分校办学性质、报考优惠、收费政策、分校址的专业限制、提前录取、小语种的录取情况等。

总之，在对以上基本情况做到心中有数后，考生、家长自然就知道在咨询会上如何与招生老师交流了。还需要提醒考生和家长的是，一定要留好招生老师的联系方式，如果真的准备报考，报考前可以和老师联系，征求意见。同时，留好联系方式也可方便保持和高校招办老师的沟通，确保及时了解报考和录取情况。

了解关于考生的加分政策

徐佳是2014年的高三毕业生。早就听说到了他们这一届的时候，高考的加分政策要有大的调整。为了应对新的政策，徐佳的父母也是早早就开始考虑如何为徐佳的高考加分的事情。

结合徐佳自身的情况和政策的变化趋势，徐佳的父母最后决定让徐佳将主要的精力放在文化课的学习上，加分项目根据地方的具体规定出台之后再做考虑。在这期间如果有一些比赛的机会，让徐佳也有选择地进行参与。毕竟除了高考，孩子还要正常地生活。充分发挥自身的优势和特长，也是徐佳生活的一部分。

高中三年，徐佳参加的比赛不多，大多是根据她的舞蹈特长参加的一些演出和地方性的比赛。徐佳和父母都不把取得好的成绩作为参加比赛的目的，而是将这些活动看作增添生活乐趣的一部分。

就这样，在紧张忙碌而又不乏乐趣的生活中，徐佳迎来了高考。她的心态调整得很好，就像平常一样走进了考场。

这段时间，高考已经结束，等待高考成绩的这段时间，徐佳已经去全国各地旅游了。

为了弥补高校招生制度的不完善之处，国家和地方的相关部门针对一些特长

生制定了高考的加分政策。从教育部出台的《2009年高考加分政策》来看，高考加分主要分为：增加20分投档、增加10分投档和优先录取三种形式。具有一定体育或者文艺方面专长的学生，可以在通过专门机构和部门的测试的情况下，在高考成绩中给予一定的加分照顾。

加分政策作为一项稳定的高考政策延续至今也出现了一些弊病，因此也在不断地调整之中，而且调整的幅度也越来越大。因此，家长和考生有必要关注和了解近期关于高考加分政策的变化情况。

2010年年底，教育部等相关部门联合发布了《关于调整部分高考加分项目和进一步加强管理工作的通知》，其中就明确要求各地调整学科竞赛和体育特长生这两类考生的加分项目，并指出调整政策"从2011年秋季进入高中阶段一年级的学生开始适用"，即从2014年高考开始实施和执行。

《通知》中对于地方省市的高考加分项目提出清理、备案的要求。要求地方加分项目只有在教育部或者相关部门备案，经过批准同意之后才能实施，否则将不予认可。从加分申报程序上来说更加严格，"所有拟享受高考加分的考生，均须经过本人申报、有关部门审核、省地校三级公示后方能予以认可"。

从2014年开始，高考加分政策开始面临全面的调整，其中包括全国中学生数学、物理、化学、生物、信息学奥林匹克竞赛决赛，部分科技类竞赛获奖者的保送资格被取消，加分不超过20分；全国奥赛省赛区一等奖的保送和加分资格均被取消；体育特长生规定项目为8项，各省（区、市）自选项目一般不超过2个，加分均不超过20分。

1.对于学科竞赛的调整

全国绝大多数省市都取消了全国奥赛省赛区一等奖的加分。对于全国奥赛决赛、部分科技类竞赛获奖生的加分范围控制在5~20分之间，其中北京、浙江等地的加分分值下调10分，辽宁省、广东省则直接取消了这类加分。

在内蒙古、河南、江西、福建等省区，如果获全国奥赛决赛一等奖并被中国科学技术协会遴选为参加国际奥赛国家队集训的学生，在毕业当年保留保送的资格。

2.对于体育加分的调整

2014年高考的体育加分，各省市以削减加分项目为主。比如在浙江省，体育加分项目从32项减少为8项，加分赛事由200多个减为30个，以往"三模三电"的加分也被取消了。2014年的高考体育加分，各地呈现"节制"状态，以往名目繁多的加分项被大幅砍掉。全国大部分地区都限定田径、足球、篮球等8个项目为加分项，即使有自选的项目也为极少数的强身健体项目，比如河北的健美操等。

3.对艺术特长生加分的调整

艺术特长生的加分在大多数省份被取消，目前保留此项加分的只有河南和上海。同时，根据湖南省的加分政策，从2013年秋季升入高中的学生开始，将不再享受省教育厅举办的"三独"比赛获奖的加分，即独唱、独奏、独舞三项。

关于加分政策的调整，也有一些省份与众不同，上海就是其中之一。在报考上海的相关高校的时候，考生和家长也需要详细了解加分政策。

对于高考加分，人们更多的是对加分公平、公正的关注。教育专家指出，加分瘦身不会限制特长生的发展，是为了建立透明、公平的高考平台。加分项目的削减和分值的降低都有助于公平、公正的高考环境的维护和建立。

就考生和家长来说，对于高考加分要有正确的认识，不能过分关注加分，也要做到将政策充分利用，对于可以加的分数也不要轻易地忽略，毕竟对于挤上高考"独木桥"的众多考生来说，一分之差就可能造成录取与否的巨大悬殊。

填报高考志愿有技巧

吴城今年参加了高考。考试结束之后，吴城和父母就开始着手高考志愿填报的事情。根据平时吴城的成绩，如果正常发挥的话，吴城应该是在重点线和二本线之间。这样吴城的志愿在分数没有公布之前很难选择。

终于等到公布了分数和各批次的录取分数段，吴城的分数刚好到重点线。这对全家人来说既是一个喜讯，又感到很为难。因为刚到重点线的志愿填报是最难的。稍微好些的专业和学校可能提档线不够，如果报低了又

不如二本的一些专业好。

吴城的想法是无论是一本还是二本都是一定要上大学的，他不想再复读了。根据吴城的这个想法，最后，父母帮助吴城选择了一个二本院校的比较好的专业。

经过一段时间的等待之后，吴城终于拿到了该所大学的录取通知书。虽然不是他理想中的学校，但是专业还是很喜欢的，吴城欣然接受了。

在高考填报志愿的时候，除了考虑孩子自身的兴趣和爱好，结合分数进行志愿填报之外，还有一些考生和家长需要掌握的高考志愿填报的技巧。吴城就是根据自己的愿望，"高分低就"选择了一所二本的院校。这就是填报志愿的技巧之一。

在报考志愿的时候，考生要结合自身的情况进行院校的选择。比如，乙肝病毒携带者，根据临床医院的培养要求就不适合报考此专业；为了减少家庭负担，考生可以优先选择收费较低的师范、航海、军事、民族、体育院校或专业。

关于高考录取的原则，具体来说分为五个批次，分别为提前录取志愿栏，按照军事院校和地方院校分别设置三个本科直接志愿、一个本科服从志愿、一个专科直接志愿、一个专科服从志愿；第一批志愿栏设置三个并列第一志愿；第二批志愿栏包含五个；第三批为二个；第四批为五个。除此之外，民族预科班按照第一批和第二批分别设二个直接志愿和一个服从志愿，定向生、民族班志愿栏各设一个直接志愿。这就是志愿填报的梯度原则。

从目前全国高考填报志愿的形式来看，主要包括两种：非平行志愿填报，即传统志愿填报形式；平行志愿填报。这里需要注意的是，提前录取的志愿填报目前在全国依然统一实行传统的填报形式。根据考生志愿填报，招生录取的规则没有改变，依然是"段段清，上不清，下不接"的原则，有所不同的是在投档的比例和投档方式上。

传统的志愿填报，每名考生所报考的同一批次有两次被投档的机会。而平行志愿填报不受院校数量的限制，但是只有一次被提档的机会。如果不被录取，只能转到下一批次的筛选。从投档比例的不同上看，传统志愿填报档案的提取比例是120%，也就是根据当年招生的人数会提取多出20%的考生的考生档案。如果不被录取将被投档到第二志愿，但是第二志愿被录取的可能性很低，因为大多数的院校基本都能在第一志愿中完成招生计划。而平行志愿的投档比例通常是省内院校105%，省外院校110%，这样至少减少了10%被退档的考生数量。

无论是哪种志愿填报的形式，都存在一定的风险，这种风险对于每个考生来说都是百分之百的。因此，在填报志愿的时候就需要一定的填报技巧。

首先，根据高考录取的梯度原则，考生在填报志愿的时候，需要对学校和专业的排序形成一定的梯度。通常情况下，第二个并列志愿的学校要比第一志愿的学校从录取分数上降低一定的梯度，这样的依次降低的填报形式可以增加录取率。同样，在专业的填报上也要遵循这样的原则。

考生在填报专业志愿的时候，要根据往年的录取分数从高分的专业向低分的专业依次排列，也就是填报第一专业的往年录取的分数要高于第二专业，第二专业的要高于第三专业。合理地运用好专业梯度，可以帮助考生增加专业的录取概率，避免出现高分却被分数低的专业录取的情况，或者因为不服从调剂而造成退档。

其次，要分析考生的高考分数与所要填报专业和院校录取线的差别。在对分数进行分析的过程中要注重横向和纵向的比较。首先要看同一专业历年的录取线对应某一批次的分数线高出的最高分值和最低分值，比如2009年至2011年，某所高校经济学专业的录取分数分别高出一本线40分、47分、56分，那么我们可以初步判断如果考生的分数高出重点线50分左右可以报考此专业，并且录取的概率比较大。同时，再纵向结合该校其他同类专业的录取情况，再选择录取分数高于和低于这个专业的两个专业即可。

最后，除了以前填报志愿的梯度技巧和分数技巧，还要注意在填报时容易出现的误区。通常在考生填报志愿的时候，有"冲稳保"的说法。在填报志愿的时候，一般老师都会告诉考生要根据这三个原则来填报。根据考生不同的愿望，对这三个字的理解要有所区别。一般来说，如果考生更加注重的是专业，那么"冲"就不合适，还是以"稳"和"保"为重。而考生想"冲"的院校，则通常不能兼顾专业。

　　填报志愿的误区还有"高分选学校，低分选专业"的说法。如果单纯根据分数选择学校，往往会造成专业不喜欢，或者加大退档的风险。

　　以此看来，不论考生的分数高低，都要结合自己的求学愿望来进行学校和专业的选择。同时，考生在选择学校的时候也要明确，学校和专业的选择并不代表着以后自己的事业和成就，不要给自己造成太大的压力。

留学并非适合所有的孩子

　　李奇平时的学习成绩就非常一般，面临着即将到来的高考，他也没有抱太大的希望。按照他的成绩最多也就考上一所大专院校。父母希望李奇可以在高考之后出国留学，于是到相关的留学机构咨询相关的问题。

　　咨询人员："您的孩子是出于什么考虑要留学呢？"

　　李奇妈妈："在国内成绩不好，也考不上太好的大学。希望能够通过出国深造学到一技之长吧。"

　　咨询人员："孩子平时在家里和学校的表现怎么样？"

　　李奇妈妈："独生子女，一直是爷爷奶奶照顾，照顾得比较细致，衣来伸手、饭来张口。性格还可以，平时喜欢和几个要好的朋友玩。"

　　咨询人员："孩子自己对留学有什么想法吗？"

　　李奇妈妈："没有太多的想法，基本是听从我们的安排。"

　　……

　　又询问了几个问题之后，咨询人员给了李奇妈妈一些建议。"从目前国外大学的学习情况看，一般独立性强的孩子、英文功底好的孩子比较能够适应国外的学习生活。根据目前我们了解的情况，建议您让李奇在国内读一年的留学预科班。这样作为过渡可能会更好一些。"

　　每年的高考之后，相关的出国留学的机构关于留学的咨询就会骤增。好多家长认为孩子高考没考好，于是打算出国留学，李奇就是其中的一员。但是从专业人员的角度来看，像李奇这样的情况并不适合立即出国留学。根据相关专家的看法，这些将出国留学当成高考退路的家长和孩子，即使顺利通过了留学学校的申请和签证面谈，到了留学的学校之后也很可能马上被淘汰。

因为，国外高校"宽进严出"的政策使得进入的门槛较低，同时国外高校以能力培养为主。但是这种教育方式对孩子学习的自觉性和独立能力的要求更高。希望"出国混文凭"的想法是不切实际的，面对超出预期的学习压力，孩子往往会因为压力过大出现各种各样的问题。

多年从事留学工作的专家建议，中学生由于年龄较小，身心发育不够成熟，在国外比较自由的教育环境下容易出现情绪和心理上的问题，造成孩子人格发育的缺陷。独生子女留学还面临着自理能力差，缺乏社交、礼仪方面的知识等情况，加上语言障碍，通常会产生忧郁、孤独和失落感，长期下去必然引发孩子比较严重的问题。

家长在孩子留学的认识上，也存在着很大的误区，主要有三个方面。

1.考不上大学就留学

出国的确是升学深造的途径之一，但是很多家长和孩子却错误地把它作为考不上大学的退路。国内人们对国外的教育缺乏了解，总把留学想象成了一件过于简单的事情。国外大学宽进严出的政策，让很多自觉性差的孩子无法顺利地完成学业。

出国留学不代表着就可以放弃高考。在国外的正规学校，在入学、签证时一般都要看孩子的高考成绩。一些国家在接受中国留学生的时候，都会要求具备一定的高考分数。因此，认真地参加一次高考，会对将来的留学提供很大的帮助。如果有一个较好的高考成绩，更容易被申请的学校通过，拿到理想大学的通知书。

2.留学能够让孩子学好外语

有些家长认为在纯粹外语的环境中，更加有利于孩子外语的学习。如果孩子在国内的外语能力一般，根本无法在国外找到合适的交流对象，甚至也无法听懂老师所讲的课程。在一些中国留学生集中的地方，也许根本就找不到说英文的机会。为了生计而打工奔波的留学生，更是没有太多的时间和精力学习英文。

3."国外的月亮更圆"

很多孩子和家长把国外的留学生活想象得过于美好，而忽略了文化的差异。事实上，很多出国之后的孩子因为学业不顺利、花费过多而不得不中途退学，或者另谋出路。

还有一些孩子的家长认为家里有亲戚在国外，就能够放心地让孩子去留学。其实国外的情况和国内一样，受到职业的限制，国外的亲戚也并不一定清楚地了解国外大学的教育、招生情况。

4.想要留学而未提早申请

很多孩子留学是根据高考成绩的好坏决定的，如果等到成绩出来之后再办理留学的事情，已经来不及申请了。这就需要家长要边帮孩子办理留学的手续，边让孩子全力以赴地准备高考。留学办理准备的时间越早，越能找到适合孩子的大学，如果5月份申请8月底入学的学校，还有一些较好的学校可供选择。而且，从时间上来看，在高考前后一般能收到录取通知书。这样的话，从孩子的心理上来说，是双重的保障，也能让孩子以更加轻松的心态应对高考，或许高考也能超常发挥。

除此之外，出国留学并不是适合所有的孩子。根据出国留学的情况来看，只有具备以下条件家庭的孩子才比较适合出国留学。

1.有一定的经济基础

出国留学资金投入不小，少则几十万，多则上百万。如果没有奖学金的帮助，几乎要家庭承担所有的费用。因此，留学要首先考虑家庭经济情况。

2.具备基本的英文交流沟通能力

没有一定语言基础的孩子，尽量暂时不要考虑留学，语言上的障碍往往会成为孩子学习、生活中最大的困难，不仅无法听懂课上老师的讲解，完成课下的作业，也会因为无法沟通而难以融入当地的学习和生活环境，造成学业无法完成。

3.孩子要性格开朗、自理能力强、自控能力好

留学的孩子一般处于青春期，思维活跃，有一定叛逆心理，人生观和价值观都还没有成熟。如果没有一定的自控力和自理能力，在缺乏父母监管和学校管理宽松的情况下，往往会滋生犯罪行为。

一般来说，孩子的性格比较开朗、外向的，比较适合出国留学。因为性格外向的人可能更容易适应周围的新环境，更快地融入当地人的生活氛围之中。